LES PETITS VÉTÉRINAIRES

UN OBSTACLE DE TAILLE

L'auteur

Laurie Halse Anderson est un auteur américain qui a publié plus d'une trentaine de romans pour la jeunesse et remporté de nombreux prix, dont le Edwards Award et le National Book Award.

Dans la même collection

1. *Chiots en danger*
2. *Sans abri*
3. *Une seconde chance*
4. *Sauvetage*
5. *Un ami pour la vie*
6. *Pris au piège*
7. *Une leçon de courage*
8. *Chasse interdite*
9. *Un obstacle de taille*

Tomes 10 et 11 (à paraître en juin 2012)

Vous avez aimé les livres de la série

LES PETITS VÉTÉRINAIRES

**Écrivez-nous
pour nous faire partager votre enthousiasme :
Pocket Jeunesse, 12 avenue d'Italie, 75013 Paris**

Laurie Halse Anderson

LES PETITS VÉTÉRINAIRES

UN OBSTACLE DE TAILLE

*Traduit de l'anglais (États-Unis)
par Sophie Dieuaide*

*Aux fans du Dr Mac, qui aiment la lecture
presque autant que les animaux.*

Titre original :
Vet Volunteers
9. Fear of Falling

Publié pour la première fois aux États-Unis en 2001
par Pleasant Company Publications, puis en 2009
par Penguin Young Readers Group.

Loi n° 49-956 du 16 juillet 1949 sur les publications
destinées à la jeunesse : janvier 2012.

Text copyright © Laurie Halse Anderson, 2001, 2009.
© 2012, éditions Pocket Jeunesse, département d'Univers Poche.

ISBN 978-2-266-22181-8

Salut!

Êtes-vous peureux? Moi, oui! Quand je dois affronter une situation nouvelle, qui m'impressionne, mon premier réflexe est de prendre mes jambes à mon cou.

Mais cela ne mène nulle part, pas vrai?

Les chevaux, par exemple, me rendent nerveuse. Pourquoi? Ils sont immenses, ont de grandes dents et des sabots puissants! Et, une fois monté sur leur dos, on est tellement loin du sol!

Pourtant, je les trouve doux, beaux et attirants. Au fond de moi, bien que je sois effrayée, j'ai une folle envie de pratiquer l'équitation.

Un sage a dit un jour: «Le courage n'est pas l'absence de peur, mais sa maîtrise!»

C'est cette leçon que va apprendre David. La seule façon pour lui de dépasser sa peur est de la saisir par les rênes et d'en reprendre le contrôle.

Moi aussi, j'y travaille!

Laurie Halse Anderson

CHAPITRE 1

• • • • • • • • • • • • • •

Ça recommence! Je suis sur un cheval. Il est grand, rapide et puissant. Têtu, aussi. Le genre de monture qu'on admire mais qu'on a du mal à approcher.

Je m'assure que mon assise est bonne. J'entends la foule crier mon nom. Mon cheval et moi, nous fonçons vers le premier obstacle. «Allez, plus vite, allez...» Je me penche en avant, et, ça y est, nous sautons!

Quel choc quand nous atterrissons! Mon cœur bat à tout rompre.

Le second obstacle est encore plus haut que le premier. «Peut-être ferions-nous mieux de l'éviter...»

Ma monture n'est pas d'accord avec moi. Elle a décidé de sauter, et accélère.

«Approche, décollage, envol...»

Nous avons réussi! Le galop de l'animal est redevenu régulier et je peux enfin me détendre. Mais soudain, mon corps est parcouru de frissons. Impossible! Aucun cheval au monde ne pourrait passer l'obstacle qui se dresse devant nous! Il est beaucoup trop haut! Mon cheval ne m'écoute plus. «Il est fou?» Je tire sur les rênes, mais il n'obéit pas. Un dernier galop, et c'est la panique! Si je saute de selle maintenant, je vais me faire mal, à coup sûr. Mais s'il tente de franchir l'obstacle, on sera deux à y laisser notre peau! Trop tard! Je m'accroche désespérément et nous défions la gravité, nous volons! Les antérieurs de ma monture ont passé la barre, et j'entends un choc retentissant quand ses sabots arrière la cognent. Nous plongeons et mon estomac se retourne. Je ferme les yeux. Nous tombons...

Quelqu'un hurle mon nom: «Daviiiiiid...»

L'atterrissage va être violent...

— *Daviiiid!*

Je suis allongé sur le dos... Le sol n'est pas si dur. Ou alors je suis si gravement blessé que je ne sens plus rien.

— Houston appelle David! Allô, la Terre?

J'ai du mal à ouvrir les yeux.

— David, réveille-toi, grosse limace!

Mon grand frère Victor me pousse si fort qu'il me fait presque tomber du lit. Je me redresse, trempé de sueur.

— Maman dit que tu dois être prêt à partir pour le centre équestre dans deux minutes, m'annonce Victor.

Je suis encore dans mon cauchemar. Mon grand frère approche son visage du mien et crie:

— La grande parade, c'est aujourd'hui, idiot! Lève-toi! Maman ne me laissera pas partir avant de t'avoir tiré du lit!

Je retombe sur mon oreiller. Je le fais souvent, ce cauchemar... et je le déteste!

Pourquoi l'ai-je refait cette nuit?

Tout à coup, les mots de mon frère atteignent mon cerveau et je me lève d'un bond. La parade, bien sûr!

Dans l'embrasure de la porte, Victor me regarde comme si j'étais un cas désespéré.

— Ça y est! T'es réveillé, je peux partir!

On est samedi, et je participe à la parade pour la première fois. On va défiler à travers la ville. Il y aura M. Zimmer, Zoé et d'autres jeunes cavaliers du centre équestre. J'attends ce moment depuis des semaines.

Je sais être rapide quand il le faut. Je bondis hors de mon lit, enfile mes vêtements préparés la veille (M. Zimmer exige qu'on soit bien habillés), me brosse les dents deux secondes chrono et renonce à me coiffer.

Je dévale l'escalier et jette un coup d'œil dehors. Ouf! ils ne sont pas encore partis: le van de la vétérinaire est garé dans l'allée. Son nom, c'est Hélène Macore, mais on l'appelle Doc'Mac. J'habite en face de sa clinique, où je suis bénévole avec d'autres amis.

J'ai le temps d'avaler un morceau.

J'entends maman et ma petite sœur, dans la cuisine: le ton monte. Quel est le problème, cette fois? Une histoire de vêtements de poupée Barbie? Maman n'apprécie pas les faux tatouages d'Audrey?

Sur la table, tout est prêt: vitamines, jus d'orange, lait écrémé, All-Bran Fibre Plus. À la maison, pas question de corn-flakes au chocolat ou au miel; rien de sympa au petit déjeuner. Merci, maman! Mais je ne dois pas être trop dur avec elle. Elle n'est pas habituée à sa nouvelle situation de mère célibataire. Et elle souffre de nous laisser seuls pour aller au travail.

Je me sers un bol de céréales: j'ai l'impression de manger des crottes de souris! Je lance un regard à ma mère. Suis-je vraiment obligé d'avaler ces trucs?

Je remarque qu'Audrey porte sa petite robe violette. Maman essaie de la convaincre d'enfiler un jean, un col roulé et un sweat-shirt épais.

— Sois raisonnable, Audrey! dit-elle. Nous sommes en novembre! On vit en Pennsylvanie, ma chérie, pas en Floride!

— Je veux mettre cette robe, insiste Audrey.

— Tu vas te transformer en glaçon!

— Mais non, j'adore le froid!

Maman hoche la tête et se retient de rire.

— Première nouvelle! Maintenant, habille-toi plus chaudement. Je ne veux pas passer pour une mère indigne qui laisse ses enfants mourir de froid!

Audrey hausse les épaules. Elle se fiche de ce que les autres grandes personnes pensent de sa mère. Elle n'a que cinq ans. Pendant qu'elles continuent leur guéguerre, je termine mon petit déjeuner. Debout près du réfrigérateur, Victor boit du lait à même la brique.

— Victor! proteste ma mère. Combien de fois devrai-je te demander d'utiliser un verre?

— Pardon, m'man.

Il reprend néanmoins une dernière gorgée de lait avant de ranger la brique dans le frigo.

Maman n'est pas aussi cool avec moi. Mais elle ne veut plus se battre avec lui. Après tout, il a seize ans et, la moitié du temps, il n'est même pas à la maison.

Ce matin, de toute façon, elle est trop occupée avec Audrey et sa robe d'été. Ma petite sœur aime cette robe plus que tout. C'est notre père qui la lui a envoyée pour son anniversaire.

— Audrey, je compte jusqu'à cinq...

— Mais, maman, proteste Audrey en la dévisageant de ses grands yeux bleus, qui ressemblent tant à ceux de papa. Je *dois* la garder... pour l'arrivée de papa.

— Papa? rétorque Victor.

Audrey croise les bras et lui lance un regard noir. Comme si c'était lui le petit garçon, et elle la géante d'un mètre quatre-vingts.

— Tu sais, papa! *Mon* papa! *Notre* papa!

Victor lève les yeux au ciel et enfile sa veste. Maman ne dit plus un mot. Je crois qu'elle pense la même chose que moi. Papa a appelé la semaine dernière pour dire qu'il viendrait passer Thanksgiving avec nous, et maintenant Audrey ne pense plus qu'à lui. Elle croit encore à la petite souris, aux cloches de Pâques... et aux promesses de papa.

Depuis qu'il a été muté au Texas, on en a entendu, des mensonges! Et j'y ai cru moi aussi. Il disait qu'on ne serait séparés qu'un petit moment, et qu'après, il trouverait une solution. Soit il viendrait plus souvent, soit il nous emmènerait avec lui... Rien de tout cela n'est arrivé. Il est parti depuis un an déjà, et on ne l'a pas vu une seule fois.

Victor fait comme s'il s'en moquait; il n'en parle jamais. Après le départ de papa, il s'est mis à sortir souvent et il a trouvé un emploi au cinéma.

Et maman ? Elle n'en parle pas davantage. Ça ne veut pas dire qu'elle ne pense pas à papa. J'aimerais bien en savoir plus, mais à douze ans, comment poser des questions à ma mère sur son mariage ? J'ai déjà du mal à lui parler de mes notes en maths !

Donc, on va encore faire comme si tout allait pour le mieux, et attendre le retour de papa... Et tous les matins Audrey va continuer à se poster à la fenêtre comme si elle guettait le Père Noël.

Je chuchote à ma sœur:

— Arrête de retenir ta respiration, s'il te plaît.

— Je fais ce que je veux !

Et elle recommence à gonfler ses joues au maximum pour prouver sa détermination.

C'est bien son genre. Dites-lui: « Ne marche pas dans cette flaque », et elle sautera dedans à pieds joints.

Un klaxon retentit. Victor regarde dehors.

— C'est mes potes. J'y vais.

— Mais tu n'as rien avalé !

Mon frère plonge la main dans la boîte de céréales et en ressort une pleine poignée qu'il enfourne dans sa bouche.

— Miam ! dit-il en se dirigeant vers la porte. Délicieux ! T'es une excellente cuisinière, maman ! Salut, on se revoit tous au défilé...

Ça y est, il est parti. Ma mère secoue la tête et retourne à la vaisselle.

— Ce n'est pas bien de laisser Audrey croire que papa va venir pour Thanksgiving, dis-je en me levant.

— David ! siffle maman. Fais attention, ta sœur pourrait t'entendre !

Je hausse les épaules et dépose mon bol dans l'évier.

— Tu sais que j'ai raison. Il ne tient jamais ses promesses.

Elle soupire. Ça, elle le sait mieux que moi.

— J'ai perdu confiance, moi aussi, dit-elle calmement. Mais je tiens à rester optimiste. Et je veux que tu en fasses autant, au moins devant Audrey.

— Comme tu voudras.

Dans l'entrée le cartable de ma sœur traîne par terre, à moitié ouvert. Un dessin en dépasse. Tout en couleurs, avec deux bonhommes aux yeux immenses qui se donnent la main : un grand blond et une toute petite fille. En bas de la feuille, ma sœur a écrit: «Je tème, mon papa.»

J'ai une boule dans la gorge. Nous sommes ses enfants, sa famille. Comment a-t-il pu nous abandonner?

Les jours sont devenus des semaines et les semaines, des mois. Les appels téléphoniques se sont espacés. Papa n'a jamais été très doué pour écrire, mais au moins il envoyait quelques mails. Puis les mails ont cessé aussi. Maman n'en a jamais parlé, mais le budget de la famille est devenu très serré. Mon père a dû arrêter de lui envoyer des chèques.

Penser à lui, ça me met dans le même état que dans mon cauchemar: j'ai l'impression de tomber. «Oublie ça, David, pense à autre chose...»

Cette fois, le coup de klaxon est pour moi. Doc'Mac sort la tête de la fourgonnette et agite le bras.

— On s'en va! Tu es prêt, David?

C'est l'heure de monter à cheval!

— À plus tard, maman!

Je claque la porte d'entrée, et laisse mes soucis derrière moi.

★

À mon arrivée au centre équestre, Isabelle et Clara sont déjà là. Zoé et moi sautons du van de Doc'Mac et courons les rejoindre. On ne pense plus qu'à la parade !

Généralement, un garçon de mon âge ne passe pas tout son temps avec des filles. Mais, celles-là, c'est différent. Elles sont, comme moi, bénévoles à la clinique de Doc'Mac. La vétérinaire est la grand-mère de Sophie et de Zoé. La première fois qu'elle nous a demandé de l'aide, sa salle d'attente était pleine à craquer de chiots malades et affamés. Ils venaient d'un chenil horrible, une véritable usine à chiots ! Nous les avons très bien soignés. On a même retrouvé l'éleveur qui les maltraitait. Depuis, on travaille régulièrement pour elle.

On l'aide à établir des bilans de santé, pour certaines urgences ou pour des actes simples comme les piqûres. Et, bien sûr, on nettoie, on range, on effectue toutes sortes de tâches. Le ménage, ce n'est pas passionnant, mais cela vaut la peine quand on voit combien les animaux sont heureux !

Je fonce aux écuries, les filles sur mes talons, et je me précipite vers mon cheval favori.

— Hé, Éclair !

Sa tête apparaît au-dessus de la porte du box.

M. Zimmer et moi avons passé des mois à le préparer pour la parade. Je le gratte derrière les oreilles et il souffle par les naseaux. C'est le plus beau de tous les chevaux !

— Comment va Éclair ? me demande Zoé.

C'est la seule des filles qui s'intéresse aux chevaux autant que moi. Elle a grandi à Manhattan, un quartier de New York. Sa mère, qui est actrice, l'a élevée seule. Zoé a découvert l'équitation en colonie de vacances. Elle sait vraiment de quoi elle parle !

— Éclair est en forme ! Hein, mon vieux ?

Zoé le caresse, un peu inquiète.

— Tu crois qu'il va accepter de monter dans la remorque ?

— Je l'espère.

Ma première rencontre avec Éclair date du printemps dernier. Doc'Mac a soigné sa jambe : il s'était blessé quand le véhicule qui le transportait avait été percuté sur l'autoroute. Doc'Mac avait prévenu que la plus grave de ses blessures serait psychologique : depuis l'accident, il a une peur bleue des remorques.

M. Zimmer et moi l'avons réhabitué très, très, très lentement. La peur, je connais. J'en rêve si souvent.

— Salut les amis ! s'exclame Doc'Mac en entrant dans l'écurie. Comment allez-vous ?

— Ils piaffent d'impatience, répond M. Zimmer.

La vétérinaire doit les examiner. Le lieu de départ de la parade n'est pas très éloigné de la clinique. On pourrait y aller à cheval, mais M. Zimmer préfère que les bêtes évitent la foule. Elles seront au calme dans les remorques. M. Zimmer aime vraiment ses chevaux. C'est pour ça que mon père et lui étaient si amis.

C'est papa qui m'a appris à monter. Depuis qu'il est parti, M. Zimmer a pris le relais.

— Le grand moment est arrivé, David! me lance-t-il. Voyons si Éclair n'a plus peur!

Je mène mon cheval en lui parlant à voix basse pour le rassurer. Éclair hésite un moment, puis grimpe sur la rampe. Gagné!

— Il a réussi!

M. Zimmer me répond par un clin d'œil.

— Oui, on dirait que ton travail a porté ses fruits.

Je souris. D'habitude, M. Zimmer est plutôt avare de compliments.

Pendant qu'on installe les chevaux, j'en remarque un que je ne connais pas. Il est impressionnant! Immense, gris charbon, avec une crinière argentée.

— Il s'appelle Ombre-du-roi! me dit le palefrenier sur un ton admiratif. Il est magnifique, hein? Il est arrivé hier, c'est un champion d'obstacles!

Je tends la main, paume vers le haut, pour qu'Ombre-du-roi s'accoutume à mon odeur.

Je surprends le regard de M. Zimmer. Est-ce moi qu'il regarde, ou Ombre-du-roi ? Il détourne aussitôt les yeux. Il a une expression étrange...

— Allons-y, les enfants ! s'écrie Doc'Mac. Il ne faut pas que nous soyons en retard...

J'oublie M. Zimmer. Ça y est, je vais enfin monter Éclair pendant la parade !

CHAPITRE 2

Doc'Mac m'a expliqué que la grande parade de Thanksgiving était une vieille tradition typiquement américaine. Les gens font des dizaines de kilomètres pour célébrer l'événement. La ville est en fête; la population s'aligne le long des rues et les parents juchent leurs enfants sur leurs épaules pour qu'ils admirent le spectacle.

Voir toutes ces familles heureuses me donne un coup au cœur. Je pense à mon père. Je ne cherche même pas à l'apercevoir dans la foule. S'il doit se montrer, qu'il se montre! Sinon...

Je suis trop vieux pour croire, comme Audrey, qu'il suffit de faire un vœu pour qu'il se réalise.

Sur le parking, derrière l'épicerie, on fait descendre un par un les chevaux des remorques. Éclair reste calme, je suis fier de lui! Un dernier coup de brosse, et son pelage brun-roux brille au soleil. Ses longs crins lui retombent sur les yeux. Je souris, j'adore ça. Je le peigne avec soin; vif comme l'éclair, il secoue immédiatement la tête pour s'ébouriffer.

Nos chevaux ont l'habitude d'être très entourés lors des leçons d'équitation, mais, pour les rassurer, on leur parle à voix basse pendant qu'on les selle. C'est seulement quand on prend place dans la parade que la tension monte.

— Clara et moi, nous devons tenir le stand de la clinique, explique Doc'Mac.

Elle a prévu d'y distribuer des prospectus sur les vaccins et les soins vétérinaires.

— On vous regardera passer! nous lance-t-elle en s'éloignant.

Tout près, je repère Sophie, accompagnée par un groupe de collégiens. Ils ont tous des chiens! Ils ont prévu des démonstrations de dressage. Sophie est venue avec Sherlock Holmes, son bon vieux basset. Ce n'est pas le chien le plus rapide de l'Ouest, mais elle l'a si bien dressé qu'il devrait amuser le public.

Isabelle fouine partout. Elle prend des milliers de photos. C'est sa grande passion. Son objectif: arriver à être publiée dans un journal!

Pied gauche à l'étrier, je monte en selle. Waouh, quelle vue! Éclair mesure un mètre quatre-vingts au garrot! Le garrot, c'est la jonction de l'encolure et du dos. Ainsi, je peux tout voir: les scouts, le camion de pompiers décoré de guirlandes, la fanfare de l'école qui joue des morceaux entraînants.

— Isabelle! Tu devrais monter à cheval. On voit presque toute la parade!

Le flash de son appareil crépite et elle relève la tête.

— Oui, c'est ça, pouffe-t-elle. Et comment je tiens les rênes si je prends des photos en même temps?

Elle n'a pas tort!

Soudain, mon cœur fait un bond. Au milieu de la foule, un homme passe la main dans ses cheveux blonds. Papa? Non, ce n'est pas lui. Je me sens bête. Comment réagira Audrey quand elle comprendra qu'il ne viendra pas pour Thanksgiving?

Et moi? Comment je vais réagir, moi? Éclair s'ébroue et fait un pas de côté. Je dois trop presser ses flancs.

— Désolé, mon vieux! dis-je en lui tapotant l'encolure.

Il sent que je suis tendu. D'après mon père, les chevaux perçoivent toujours ce qu'on ressent, parfois mieux que nous-même.

— David! me lance Zoé. Arrête de rêvasser! Le défilé commence...

— C'est bon, c'est bon...

Je vais un peu oublier mon père et faire ce que j'aime le plus au monde : monter Éclair.

La parade est en marche, et mon inquiétude s'envole. C'est génial! Sur les trottoirs, il y a des centaines de personnes qui nous admirent. Je repère mon frère et certains de ses collègues du cinéma.

— Hé, David! crie-t-il en levant les pouces.

Je souris, soulagé qu'il n'ait pas lancé une de ses mauvaises blagues pour faire rire ses amis. Un grand frère, c'est pas toujours sympa, en dehors de la maison! J'aperçois aussi Rachel, la très jolie fille qui est à côté de moi en SVT. Elle agite les bras vers moi comme si j'étais une star. Et elle crie : «Trop beau, ton cheval!»

— David, tu rougis..., se moque Zoé.

Je détourne la tête. Dans une parade, il faut saluer le public des deux côtés!

Tout à coup, le camion de pompier fait hurler sa sirène; moi et Éclair, on sursaute. Il fait un bond de côté et manque de me désarçonner. Je m'accroche à la selle, mes pieds ont quitté les étriers! Je crois tomber, mais je retrouve l'équilibre juste à temps. Derrière nous, Claiborne malmène sa cavalière. Ses sabots fouettent l'air, Zoé est livide. Jamais je n'ai vu mon amie si effrayée.

— Tiens bon, Zoé !

Une main sur la crinière, elle se penche en avant et serre les jambes. Mais Claiborne, dans un claquement de sabots, se laisse lourdement retomber et la projette à terre.

— Zoé !

Son cheval va la piétiner ! Qu'est-ce que je dois faire ? D'abord, contrôler mon propre cheval ! Je tire d'un coup sec sur les rênes d'Éclair. Au moment où je saute de selle, M. Zimmer accourt.

— Zoé, tu vas bien ? demande-t-il en saisissant le harnais de Claiborne.

— Je pense que oui, répond-elle.

Pourtant je vois qu'elle est blessée au coude.

— M. Zimmer ! Zoé saigne !

Il lui tend un foulard pour couvrir sa blessure et lui demande de rejoindre immédiatement l'unité de secours.

— Là-bas, dit-il, le stand avec la croix rouge... Je m'occupe de Claiborne ! Tu te sens capable d'y aller seule ?

Zoé hoche la tête, elle a l'air terriblement déçue de devoir quitter la parade.

— Je suis désolé pour toi, Zoé.
— Ne t'inquiète pas, David, ça ira. Amuse-toi!
Je rejoins les autres cavaliers. Maintenant que nous avons dépassé les boutiques, les trottoirs sont envahis de stands. Devant celui de la clinique vétérinaire, Clara et Doc'Mac sont occupées à distribuer leurs fascicules. Elles nous remarquent à peine. Doc'Mac doit être contente. C'est si important pour elle d'apprendre aux propriétaires d'animaux à devenir de bons maîtres.

On sent d'ici les hot-dogs et les saucisses grillées. Qu'est-ce que j'ai faim! Je pourrais peut-être me trouver un petit quelque chose à manger. La passion de maman pour la nourriture diététique me réduit à la famine!

Nous avons tourné à l'angle de la rue. Droit devant, une petite fille en robe violette fait de grands signes dans ma direction. Ce n'est pas possible que maman ait laissé ma petite sœur sortir en tenue d'été! En approchant, je vois qu'Audrey porte un jean et un gros sweat... sous sa robe. On dirait qu'elles ont trouvé un compromis!

— Tu es presque arrivé à la fin du parcours, me dit maman. Viens nous rejoindre pour déjeuner dès que tu le pourras!

— Maman a préparé un pique-nique, s'exclame Audrey. Avec des cornichons!

Autour d'elle, les gens sourient. On ne s'ennuie jamais avec une sœur comme elle.

— Super, Audrey! S'il y a des cornichons, je vais me dépêcher!

Nous retournons près des remorques pour charger les chevaux. Puis je retrouve ma mère et ma sœur au parc.

— Dans l'un des stands, il y avait une chèvre trop, trop, trop mignonne, me dit Audrey en croquant un cornichon. Avec de jolis poils frisés! On peut retourner la caresser?

Une chèvre aux poils frisés, ça serait dommage de manquer ça.

— Ça ne t'embête pas, maman, qu'on y aille?

— Non, mais tu raccompagneras Audrey à la maison après.

— Je pourrai donner un bout de mon sandwich à la chèvre? demande Audrey.

— Bien sûr, si son propriétaire est d'accord.

Je prends la main de ma sœur, pour ne pas la perdre dans la foule, et nous remontons la rue principale. Maintenant que la parade est finie, les stands sont pris d'assaut.

Soudain, Audrey s'inquiète:

— Et si la chèvre me mordait?

— Elle ne peut pas te faire de mal, les chèvres n'ont pas de dents sur la mâchoire supérieure.

Et elle doit être gentille, sinon on ne l'aurait pas amenée ici.

— Regarde, David, la voilà! s'écrie Audrey en pointant un enclos du doigt.

Excepté ses cornes, cette petite chèvre a tout d'une brebis. Elle bêle, effrayée de voir tant de monde.

Sur une table, il y a des fiches qui expliquent le filage de la laine. Une femme en jupe longue et sa fille présentent un rouet, des fuseaux, des échantillons de laine.

— Bonjour. Vous permettez qu'on caresse votre chèvre?

— Bien sûr, me répond la jeune fille. Elle est très douce, c'est une chèvre angora. Elle s'appelle Sabrina. Si vous l'appelez, elle viendra tout de suite vers vous.

— Je peux lui donner les restes de mon sandwich? demande Audrey. Elle les mangera?

— Oh oui, elle les mangerait, mais ça ne lui ferait pas de bien.

— Pourquoi? insiste Audrey. Elle est au régime?

La jeune fille éclate de rire.

— Mais non! Pour la qualité de son pelage, elle a besoin d'une alimentation à base de granulés hyperprotéinés. Et si elle dévore ton sandwich, elle n'aura plus faim ce soir !

Ma sœur hoche la tête.

— Maman dit tout pareil pour moi !

Dans l'enclos, la chèvre continue de bêler.

— Viens par ici, Sabrina ! l'appelle Audrey.

Mais la chèvre ne peut pas bouger, le fil de fer de la clôture s'est emmêlé dans ses cornes.

— Attends, on va la dégager...

En tenant délicatement l'une de ses cornes, j'essaie de la libérer. Elle se tortille et bêle de nouveau.

— Reste calme ! J'essaie de t'aider... Voilà !

Audrey se précipite et la chèvre se laisse caresser.

— Oh, regarde comme elle est mignonne ! Tu as vu ses longs cils blancs ! David, David ! Regarde ses yeux, on dirait qu'elle pleure ! Je crois qu'elle est triste parce qu'elle veut du sandwich !

— Les animaux ne pleurent pas, Audrey.

— Alors pourquoi elle a des larmes ?

C'est vrai, des larmes coulent de son œil gauche. On dirait même qu'elle louche un peu.

— Tu vois ? s'écrie Audrey, prête à éclater en sanglots. Faut la consoler !

Ma sœur tend les bras à travers le grillage pour câliner la chèvre et je remarque une tache rouge sur le cou de l'animal. J'écarte ses longues boucles, elle a une coupure d'une dizaine de centimètres sur la peau. Du sang s'en écoule.

Je retourne observer la clôture. Sur un poteau, je découvre une petite pièce métallique coupante. De longs poils blancs sont encore accrochés dessus. Sabrina a dû se blesser en tentant de se libérer.

— Ne bouge pas d'ici, Audrey ! Je vais emprunter un téléphone à la jeune fille ! J'espère que le portable de Doc'Mac est allumé...

En attendant la vétérinaire, je presse un mouchoir sur le cou de la chèvre pour stopper l'hémorragie. Sa blessure a l'air grave, mais c'est l'état de son œil qui m'inquiète le plus.

Audrey essaie d'être courageuse, mais elle ne peut s'empêcher de pleurer. La jeune fille, qui s'appelle Julie, et sa mère ont l'air préoccupées. Seule Sabrina semble indifférente.

Dès qu'elle arrive, Doc'Mac observe l'œil de la chèvre. Après lui avoir administré quelques gouttes d'anesthésique, elle l'examine avec un appareil semblable à celui qu'utilisent les ophtalmologistes. Elle soulève la paupière de l'animal, agite une lumière de gauche à droite. Les chèvres ont des yeux curieux, jaunes, avec une pupille en forme de trait.

— Sa cornée est abîmée, annonce Doc'Mac. C'est pour ça que son œil coule autant.

— Elle va guérir? s'inquiète Julie.

— Je pense que oui. Je vais vous donner une pommade antibiotique pour éviter l'infection. Je ferai un nouvel examen dans quelques jours.

Ensuite, Doc'Mac observe le cou de la bête.

— Cette coupure est profonde, dit-elle en fronçant les sourcils. Je vais devoir suturer.

Après avoir anesthésié Sabrina, Doc'Mac rase la zone blessée, la nettoie avec un savon antibactérien et l'asperge de teinture d'iode. Puis elle recoud la plaie avec du fil chirurgical.

Je ne pensais pas qu'Audrey pourrait supporter la vue de l'aiguille plantée dans la peau de Sabrina, mais elle semble fascinée.

— Hé! s'exclame-t-elle. C'est comme la couture qu'on fait, des fois, à la maternelle!

Doc'Mac sourit.

— Oui! Exactement! Grâce aux points de suture, sa peau va pouvoir cicatriser.

Sabrina reçoit aussi une injection d'antibiotiques et, par précaution, une piqûre antitétanique.

— Parfait! dit Doc'Mac en se relevant. Gardez-la au calme quelques heures. Elle sera sur pied en un rien de temps.

Julie et sa mère remercient la vétérinaire et, à ma grande surprise, me remercie aussi ! La mère de Julie me prend même dans ses bras ! Ça y est, je rougis !

— Euh... En fait... C'est plutôt Audrey qu'il faut féliciter. C'est elle qui a remarqué les larmes de Sabrina.

Tout le monde se tourne vers ma sœur.

— Un jour, tu feras comme ton frère, lui prédit Doc'Mac. Tu seras une vétérinaire bénévole de premier ordre !

Audrey rayonne. Elle en a oublié sa peine. C'est bien connu, prendre soin d'un animal aide à se sentir mieux.

Dès que j'ai ramené Audrey à la maison, maman me reconduit en voiture au centre équestre. Pas de temps à perdre, j'ai promis à M. Zimmer de l'aider à préparer les chevaux pour une randonnée.

— Mon cher David, tu vas avoir besoin de ça ! dit-il en me tendant une fourche.

Il sourit et moi, je soupire. Je sais, je sais... Nettoyer, encore nettoyer ! Mais on ne peut pas laisser les box où dorment les chevaux dans cet état-là ! M. Zimmer dit que n'importe qui peut prendre des leçons d'équitation, mais que seul un vrai cavalier se préoccupe d'abord de son cheval. Même si parfois c'est assez... dégoûtant.

Je pose la fourche sur mon épaule et me dirige vers les écuries.

C'est là que je le vois.

Il me regarde droit dans les yeux.

— Salut, fiston !

CHAPITRE 3

— Papa!
Sans hésiter, je laisse tomber ma fourche et lui saute dans les bras. Ça fait du bien, ça fait bizarre, ça fait... Je ne sais pas trop ce que ça fait. Je m'étais résigné à ne plus le voir... et le voilà, devant moi!

Aucun de nous ne sait quoi dire. Il me dévisage, je le dévisage. Est-ce qu'il a changé?

— Tu as raté ton rendez-vous chez le coiffeur? me taquine-t-il en souriant.

J'écarte ma frange et hausse les épaules.

— Maman veut bien que j'aie les cheveux plus longs.

Il ouvre la bouche, mais il ne dit rien.

C'est étrange de se sentir mal à l'aise avec son propre père. Je suis soulagé d'entendre la voix de M. Zimmer.

— Salut, Charlie! Alors? Tu as pu voir la parade?

— Une partie seulement...

Papa ne précise pas laquelle. Est-ce qu'il m'a vu monter Éclair?

— J'espère que tu as pu admirer David! s'exclame M. Zimmer comme s'il lisait dans mes pensées.

Et il me tapote la tête. J'ai l'impression d'être un petit garçon.

— Il est incroyablement doué avec les chevaux!

— Ça ne m'étonne pas, répond mon père.

Je fixe mes pieds et M. Zimmer s'éclaircit la gorge. Il recommence à parler de la parade, des chevaux, du public... les deux hommes rient et discutent comme si de rien n'était. Comme si mon père n'était pas parti plus d'un an sans même nous téléphoner.

— M. Zimmer, le palefrenier vous demande! l'appelle Zoé.

Je me tourne vers elle. Sauvé par le gong! Merci, Zoé!

— Mais qu'est-ce que tu fais ici? On t'a déjà soignée?

Elle lève le bras pour me montrer l'énorme bandage autour de son coude.

— Je vais très bien! Mon moniteur dit qu'il faut tomber sept fois de cheval avant d'être un bon cavalier... Plus que trois!

Je grimace et repense à mon rêve, à ma peur panique des chutes.

— Zoé, je te présente mon père... Charles Brack, dis-je. Papa, voici Zoé Hopkins. Elle travaille avec moi à la clinique de Doc'Mac.

Je lui ai tout expliqué dans une lettre. Mais est-ce qu'il l'a reçue?

— Bonjour, Zoé...

Il lui tend la main en souriant et me fait un clin d'œil comme pour me dire: «Ha! ha! c'est ta petite amie?» ou un truc dans le genre.

— Toi aussi, tu apprends à monter, Zoé?
— Oui, monsieur.

Pas de «Ouais», ni de «C'est trop cool», répliques préférées de la plupart des jeunes. Zoé serre poliment la main de mon père. Sa mère l'a très bien élevée. Elle l'emmenait partout avec elle, à Manhattan; Zoé a l'habitude de discuter avec des personnes importantes.

Pourtant, elle reste sur ses gardes. Tout le monde à la clinique de Doc'Mac est au courant de mes problèmes avec mon père. Et Zoé se sent plus concernée que n'importe qui d'autre. Son père est parti aussi, quand elle était toute petite, et elle n'a plus jamais eu de contact avec lui. Elle dit que ce n'est pas grave, mais je n'en crois pas un mot.

— Je vais devoir me remettre au travail, annonce-t-elle. Ravie de vous avoir rencontré, monsieur Brack. À plus tard, David.

On se retrouve de nouveau tous les deux. Et je cherche désespérément un sujet de conversation.

— Tu as vu ce cheval, papa?

Ombre-du-roi vient de sortir la tête de son box. Son pelage charbon brille comme s'il venait d'être brossé.

— Il est magnifique, hein?

Papa sourit.

— Content que tu l'apprécies, fiston. C'est le mien.

Je sursaute.

— Le tien? Mais il est là depuis...

Je ne dis pas «depuis hier». Je ne dis pas non plus: «Papa, pourquoi as-tu mis tant de temps à venir me voir?» Je viens de comprendre! Mon père n'est pas venu au centre équestre pour moi, il est là pour son cheval! Et, aussi calmement que s'il parlait de la météo, il ajoute:

— J'ai décidé de rentrer en Pennsylvanie.

Le sol se dérobe sous mes pieds. Je devrais être heureux, pourtant j'ai peur. Peur de quoi? Sans doute de reprendre espoir et d'être déçu, une fois encore.

— Maman est au courant?

Il hausse les épaules et fuit mon regard.

À ce moment-là, deux minibus se garent et des groupes en descendent. Aussitôt, M. Zimmer m'appelle. La randonnée! J'avais oublié la raison de ma présence ici.

— Papa, il faut que je m'occupe des chevaux. Tu restes un peu ou tu rentres à la maison?

Il enfonce ses mains dans les poches de sa veste en cuir.

— J'ai pris une chambre à l'hôtel.

Il a dû lire la surprise sur mon visage.

— Je suis arrivé tard, ajoute-t-il. Je ne voulais pas m'imposer à ta mère. Tu sais...

«Non, je ne sais pas! Je ne sais pas pourquoi tu ne veux pas revenir chez toi, dans ta famille!»

— David! répète M. Zimmer, impatient.

Mon père me chasse:

— Vas-y. Ne t'inquiète pas. Je serai encore là quand tu reviendras.

Je me dirige vers les box. Ça fait du bien de penser à autre chose.

Alors que je mène le dernier cheval sur le sentier de randonnée, la voiture de ma mère se gare. Encore une surprise !

Je crie pour couvrir le bruit des sabots :

— Maman ! Devine qui est là ?

Je cherche papa du regard dans la cour, près des écuries. Mais il n'est plus nulle part.

De nouveau, mon père a disparu.

CHAPITRE 4

J'aime beaucoup Thanksgiving... Cette semaine, nous n'avons cours que lundi et mardi. Heureusement pour moi, car je suis épuisé. Entre les cauchemars et le fait de savoir mon père en ville, je ne dors presque plus.

Hier, toute la journée, j'ai attendu en vain qu'il vienne à la maison. Ou qu'il appelle. Maman dit qu'il a probablement des affaires à régler, mais je vois bien qu'elle est inquiète. Et puis, quelles sortes d'affaires pourraient le retenir un dimanche?

Aujourd'hui, je suis allé au centre équestre après le collège. Le temps est passé à toute vitesse. Je me suis occupé des box, des chevaux. C'est maintenant l'heure de la leçon de saut.

Zoé passe la première. Elle mène Claiborne au centre du terrain. Elle est fantastique ! Quel style ! Ça semble si facile, quand on la regarde ! Sophie et moi, on observe chacun de ses mouvements, et j'essaie de m'en imprégner. Le dos bien droit, Zoé anticipe le saut et bondit au-dessus de l'obstacle.

— Beau travail ! la félicite M. Zimmer.

Mon amie conduit son cheval au petit galop jusqu'au bord du terrain. Maintenant, elle doit le ramener au pas.

Puis vient mon tour.

Ma jument s'appelle Comète. Si seulement j'avais pu m'entraîner au saut avec Éclair ! Cela m'aiderait sans doute. On est bien davantage qu'un cavalier et une monture, on est de véritables amis ! Mais M. Zimmer refuse de le laisser sauter pour l'instant. Il l'estime encore trop faible. Il ne prend jamais de risques avec ses chevaux, je sais qu'il attendra que la patte d'Éclair soit guérie à cent pour cent.

J'ai donc appris à sauter avec Comète. C'est une jument âgée, avec ses habitudes, mais elle est très intelligente. On s'entend bien, elle et moi.

— Allez, David ! Voyons ce que Comète peut faire ! nous encourage M. Zimmer.

J'agrippe les rênes et lance mon cheval au trot.

— Redresse-toi ! me crie M. Zimmer comme si j'étais un débutant. Trouve ta position !

Comète agite sa crinière. Elle s'impatiente. Les chevaux savent nous faire comprendre ce qu'ils pensent de notre façon de monter. J'essaie de me détendre... Surtout, ne pas l'inquiéter !

— Tout va bien, ma belle !

Mais elle n'écoute pas ce que je lui chuchote, elle ne se fie qu'à mes mouvements. Et, quand je la pousse vers l'obstacle, elle rechigne. Je m'attends à ce qu'elle pile, mais, au dernier moment, elle bondit. Je m'accroche comme je peux.

Je me sens rougir de la tête aux pieds ! Quelle posture ridicule ! J'ose à peine regarder M. Zimmer : il doit être terriblement déçu.

— On recommence !

C'est tout ce qu'il dit. Je préférerais encore entendre des reproches. Je refais un tour de terrain, même si j'ai vraiment envie d'abandonner.

— Tu peux le faire ! me crie Sophie.

Elle est bien la seule à le croire.

— Si tu sens que Comète hésite, presse-la un peu ! me conseille M. Zimmer.

Je donne un petit coup de talons, mais ma jument n'a aucune envie d'écouter un si mauvais cavalier. Nous n'allons pas assez vite. Comète saute et atterrit lourdement. Moi, je vacille sur ma selle. Comparé à Zoé, j'ai vraiment l'air d'un clown !

— Bien, David, dit M. Zimmer, qui n'en pense pas un mot. Fais une pause. À toi, Sophie !

— Ne t'inquiète pas, tu vas y arriver ! me chuchote-t-elle au passage.

Honteux, découragé, je mène Comète au pas près de Zoé. On chevauche côte à côte pour détendre nos montures. Soudain, elle désigne du doigt l'autre extrémité du terrain.

— Regarde !

Un magnifique cheval noir charbon à la crinière et à la queue argentées vient d'entrer. Son cavalier se hisse en selle. C'est mon père ! Il est juché sur Ombre-du-roi !

Ils trottent. Des gens s'approchent pour les admirer. Mon père semble faire corps avec son cheval, comme une statue de bronze sculptée dans un seul bloc de métal. Papa a grandi dans une ferme du Kentucky. Il montait à cheval avant même de savoir marcher, et ça se voit.

Après l'échauffement, ils entament le parcours d'obstacles. Ils bondissent avec la grâce de ces patineurs sur glace que maman adore regarder à la télé. Sans difficulté, défiant la gravité. À chaque obstacle, je dois m'empêcher d'applaudir comme un fou.

Zoé aussi est impressionnée.

Mon père achève le parcours et appelle Joe. Le palefrenier accourt et rehausse les barres pour augmenter la difficulté. Zoé laisse échapper un sifflement d'admiration.

Impossible que ce cheval saute une telle hauteur! Ou alors il a des ailes!

Tout le monde retient sa respiration. Mon père et Ombre-du-roi passent les trois premiers obstacles avec succès. J'échange un regard avec Zoé. Il est incroyable, il ne rate rien! Au quatrième obstacle, le rythme d'Ombre-du-roi semble un peu court. Mais mon père est aux commandes, et il est déterminé. Ils approchent, ils sautent! Clong... le bruit tant redouté des cavaliers d'obstacles. Les sabots ont frappé la barre. Elle tombe, et Ombre-du-roi atterrit lourdement. Il titube et mon père saute de selle pour inspecter les jambes du cheval.

— Il va bien? s'inquiète M. Zimmer.

— Je pense, répond mon père.

Ombre-du-roi secoue sa crinière comme pour chasser ce mauvais souvenir. Mon père lui tapote l'encolure et lui parle doucement. Au moment où il remonte en selle, M. Zimmer pose la main sur son bras. Je n'entends pas leur conversation, mais la discussion est vive.

Sophie nous rejoint à cheval.

— Qu'est-ce qui se passe?

— Ton père veut retenter le saut et M. Zimmer n'est pas d'accord, dit-elle.

— Si mon père a décidé de sauter, il va le faire !
— Tu oublies que M. Zimmer est très têtu, me rappelle Zoé. Surtout quand il s'agit des chevaux. Et puis, c'est son centre équestre. Ton père va devoir lui obéir.

C'est-ce qu'on va voir...

Comme je m'en doutais, M. Zimmer finit par lever les mains vers le ciel et s'éloigne, en colère.

— David, tu avais raison ! s'écrie Zoé. Il se moque complètement de ce que dit M. Zimmer.

Je hausse les épaules.

— Ombre-du-roi n'est pas le cheval de M. Zimmer. Et mon père n'écoute personne...

Papa est un cavalier exceptionnel. Ces sauts sont incroyablement difficiles, M. Zimmer éprouve peut-être un peu de jalousie. Lui, il n'arriverait sans doute pas à franchir une telle hauteur. Mon père n'a peur de rien.

Je me sens soudain étrangement fier. Puis je repense à M. Zimmer. Il est sévère mais juste. Il attend beaucoup de ses cavaliers, même des enfants. Il m'a appris à respecter les chevaux. Mon père devrait l'écouter. Mais il a fait replacer la barre sur l'obstacle.

— Tu crois qu'il va y arriver ? chuchote Sophie.

Pourquoi suis-je inquiet ? Ai-je peur qu'ils se blessent ? Ou que mon père se ridiculise ?

Après un long échauffement, papa sourit avec confiance. Son cheval et lui sont magnifiques: une vraie équipe. Papa flatte l'encolure d'Ombre-du-roi. Il lui murmure quelque chose et le cheval semble tendre l'oreille pour l'écouter.

— Je suis d'accord avec M. Zimmer! annonce Zoé. Il ne devrait rien tenter!

— C'est un fantastique cavalier, tu sais. À notre âge, il avait déjà gagné de nombreuses compétitions. Tu devrais voir ses coupes! En 1980, il a été sélectionné pour faire partie de l'équipe olympique! Mais il n'a pas pu concourir.

— Pourquoi tu n'en as jamais parlé? s'exclame Sophie. Qu'est-ce qui s'est passé? Il est tombé malade?

Je secoue la tête. La déception de mon père a été cruelle. Je n'oublierai jamais l'expression qu'il avait quand on regardait les jeux Olympiques à la télévision.

— Non, cette année-là, personne n'a participé. Les États-Unis ont boycotté les Jeux en URSS pour des raisons politiques.

Mon père dirige Ombre-du-roi vers le premier obstacle. Le cheval prend de la vitesse, il est impressionnant quand il galope.

Mon père lui fait franchir le premier obstacle comme s'il n'existait pas. M. Zimmer dit souvent que les chevaux n'obéissent qu'aux cavaliers sûrs d'eux. C'est ce que je suis en train de constater.

Deuxième obstacle, troisième obstacle... Est-ce que mon père hésite? Non! il approche du quatrième, le plus haut.

Zoé se cache les yeux.

— Je ne veux pas voir ça!

Mon cœur bat à toute vitesse. Moi, je veux tout voir. Je croise les doigts. «Prouve-leur que tu es le meilleur, papa!»

Ombre-du-roi s'élève au-dessus des barres!

— Ils ont réussi! Ils ont franchi l'obstacle.

Je brandis les poings. «Bien joué, Papa!» La queue d'Ombre-du-roi flotte au vent comme un étendard.

Mais, soudain, je trouve son galop un peu court. J'ai peut-être mal vu... Je plisse les yeux...

— Il boite! s'écrie Zoé.

Elle a raison! Ombre-du-roi prend trop d'appui sur sa jambe antérieure droite.

Mon père s'en est rendu compte. Il descend immédiatement de selle. À son expression, je comprends tout de suite que c'est grave.

— Sophie! Zoé! Ombre-du-roi est blessé!

CHAPITRE 5

Doc'Mac examine Ombre-du-roi. Il se tient debout, les jambes serrées, dans un coin de l'écurie et mon père le masse doucement. Papa n'a pas l'air gêné ni honteux de ce qui vient de se passer!

M. Zimmer est furieux, je le vois à ses mâchoires crispées. Rien ne le met plus en rage que les cavaliers inconscients qui mettent leur cheval en danger.

— Je vais faire une radio, dit la vétérinaire en nous regardant. David, Sophie, Zoé, allez chercher le matériel dans mon van!

On rapporte aussitôt l'appareil portable à rayons X, à peine plus gros qu'un grille-pain! Doc'Mac et M. Zimmer se protègent avec de grands tabliers et des gants spéciaux en plomb. J'en ai déjà porté, ils sont extrêmement lourds. Le plomb à l'intérieur sert à bloquer les radiations.

— Tout le monde recule! ordonne Doc'Mac.

Elle pointe le viseur de l'appareil vers la jambe blessée d'Ombre-du-roi et prend quelques clichés sous différents angles. Les radios terminées, elle ausculte à nouveau la jambe du cheval. Elle la palpe et surveille les réactions de l'animal. Puis elle demande à mon père de le faire marcher, en avant d'abord, puis à reculons. Il boite toujours.

— J'examinerai les radios dès mon retour à la clinique, dit-elle enfin. Mais je suis presque certaine qu'il n'a pas de fracture.

— Dieu merci! s'écrie M. Zimmer.

Mon père ne dit rien mais il a l'air soulagé.

— La blessure d'Ombre-du-roi est quand même grave! ajoute Doc'Mac en commençant à lui bander la jambe. Vous devriez l'emmener à la clinique équine pour une analyse plus poussée, avec des capteurs.

— Qu'est-ce que c'est?

— Un examen sophistiqué. Après avoir posé des capteurs de forces et de mouvements sur le cheval, on le met en condition d'exercice. Les capteurs sont reliés à un ordinateur, et l'analyse est très précise. Cela nous aidera à proposer une thérapie adaptée.

M. Zimmer se redresse et regarde mon père.

— Qu'est-ce qui t'a pris, Charlie?

Papa serre les lèvres et détourne les yeux.

— Tu as voulu faire tout, tout de suite et trop vite! insiste M. Zimmer. Les chevaux ont besoin de beaucoup plus de temps que nous pour apprendre. Tu te souviens, David, de la façon dont nous nous y sommes pris pour réhabituer Éclair aux remorques? À sa vitesse à lui!

Si je m'en souviens! Ça a pris une éternité! Chaque jour, nous l'avons mené près de la remorque. Quelques instants seulement. Je perdais patience; je pensais même que M. Zimmer exagérait. Ça a duré des semaines. Peu à peu, Éclair s'est approché sans peur. Enfin, un soir, nous avons réussi à lui faire prendre son repas à l'intérieur! Et j'ai compris alors que M. Zimmer savait ce qu'il faisait depuis le début.

— On ne force pas un cheval, Charlie, reprend M. Zimmer. Ombre-du-roi n'était pas prêt pour ce saut. Résultat, il ne peut plus sauter du tout!

— Pouvez-vous déjà estimer la gravité de ses blessures? demande mon père à Doc'Mac.

— Seul le temps nous le dira, répond-elle en le fixant droit dans les yeux.

Papa ne peut soutenir son regard. Il baisse la tête. La belle confiance en lui qu'il affiche d'habitude s'est évanouie. Il sait que tout est sa faute.

★

— Tu as faim?

Je terminais mon travail au centre équestre, je n'ai pas vu mon père approcher.

— Toujours!

Il rit.

— Exactement comme moi à ton âge! Rien ne me rassasiait. C'est parce que tu grandis.

Moi? J'ai grandi? Il trouve que j'ai changé depuis qu'il est parti? Pour ma part, je ne me sens pas différent.

— Pourquoi n'appellerais-tu pas ta mère pour la prévenir que tu ne rentreras qu'après dîner? dit papa. On pourrait aller grignoter un morceau ensemble...

— Tu l'as vue, depuis que tu es revenu?

J'ai lâché ça sans réfléchir. Mon père regarde ses mains.

— Je me suis arrêté à son travail aujourd'hui, répond-il, mais elle était en rendez-vous à l'extérieur. Elle semble avoir bien réussi. Elle a un beau bureau.

Ça le surprend qu'elle réussisse sans lui ? Heureusement qu'elle s'en sort, parce que nous avons vraiment besoin d'argent. Je préfère ne rien dire, pour ne pas gâcher le moment.

Il me tend son portable et j'appelle ma mère.

— Allô, maman ? C'est David ! Euh... Papa est avec moi. Il... voudrait m'emmener dîner quelque part.

Elle reste silencieuse quelques secondes.

— Où est ton père ? Au centre équestre ?

— Oui...

J'essaie de parler d'une voix neutre, comme si la situation était parfaitement normale.

— Il est passé à ton travail aujourd'hui, mais tu étais absente.

— Je peux lui parler ?

Quand je lui tends le téléphone, mon père recule. Il ne s'y attendait pas. Il consulte sa montre.

— Faudrait qu'on y aille !

Est-ce qu'il a peur de parler à maman ?

— David ? David ? Tu es toujours là ?

— Oui, maman ! Alors, je peux ?

— Bien sûr.

Elle n'ajoute rien. Ni «Est-il descendu à l'hôtel ?», ni «Est-ce qu'il viendra à la maison pour Thanksgiving ?». Rien. Elle raccroche. Fin de la conversation.

Je grimpe dans la voiture de papa, un vieux pick-up en mauvais état.

— Où est passé ton 4×4 ?

Il soupire.

— Un type m'est rentré dedans, dit-il en haussant les épaules. Un ami m'a prêté cette voiture en attendant que je trouve mieux. Elle n'est pas si mal ! Je peux transporter tout ce que je veux !

On roule, sans rien dire, et on finit par se garer sur le parking de Taco Bell. Avant, c'était notre fast-food préféré. Ça fait longtemps qu'on n'y est pas allés ensemble.

Nos plateaux bien garnis, on s'assied à une table. Après les «Oh, ça a l'air bon!», les «Et ça, tu veux goûter?», le silence devient pesant. Lourd de tout ce qu'on ne se dit pas. Je sirote mon soda et m'enfonce dans mon siège.

Papa, lui, s'essuie la bouche avec une serviette en papier. Il secoue son gobelet, dans lequel les glaçons s'entrechoquent.

— J'attends le repas de Thanksgiving avec impatience, dit-il enfin.

Comme n'importe quel père qui n'aurait pas disparu depuis un an. J'hésite à lui sortir une réplique cinglante. Mais son regard est trop triste, je n'y arrive pas. Peut-être que c'est dur pour lui aussi.

Peut-être qu'il veut s'expliquer. Peut-être qu'il a envie de rentrer à la maison.

— Oui, moi aussi! Dinde rôtie, purée maison, tarte au potiron, maman sort le grand jeu!

— Ta mère est un vrai cordon-bleu.

— Sauf quand elle se lance dans la cuisine diététique!

On rit. Ça fait tellement de bien de passer un moment avec lui après une si longue absence.

— Alors, quoi de neuf de ton côté?

J'espère qu'il ne va pas m'en vouloir de le questionner.

— Oh, tu sais...

Il trempe une chips dans de la sauce au fromage. Il raconte un peu, en restant vague. Il a pas mal voyagé, il était très, très occupé... Finalement, il oriente la conversation vers l'unique passion qu'on partage: les chevaux.

— Zimmer m'a parlé de toi et d'Éclair, dit-il. C'est un bon cheval?

— Il est génial! Je monte nettement mieux grâce à lui. En revanche, le saut, c'est beaucoup plus difficile que ce que j'imaginais.

Il se penche vers moi.

— Ce dont tu as besoin, c'est d'un professeur qui te comprenne! Zimmer fait du bon travail, je ne dis pas le contraire, mais il n'est pas assez...

exigeant. Il prend trop son temps. Tu n'arriveras à rien si personne ne te met un peu la pression. Tu dois te battre contre toi-même, David, si tu veux vraiment devenir un champion.

— Je le veux !

Mon père sourit d'un air étrange que je n'arrive pas à déchiffrer.

— Je me souviens de la première fois que je t'ai mis sur le dos d'un cheval. Ta mère a failli avoir une attaque ! dit-il en riant. J'ai bien cru qu'elle allait appeler la police.

— J'avais quel âge ?

— Environ dix mois.

— Tu rigoles !

— Non ! Et tu tenais très bien tout seul ! J'étais si fier de toi ! J'ai tout de suite vu que tu avais un don !

Fier de moi ? Un don ? Moi aussi, je vais avoir une attaque !

— Je fonde plein d'espoirs sur toi, David. Tu as le talent, il ne te manque que la motivation ! Je sais que, dans très peu de temps, tu seras capable de monter un vrai cheval de saut comme Ombre-du-roi.

Il ramasse nos serviettes de table et les enfourne dans son gobelet vide.

— Et si je te donnais quelques leçons ?

— Ça serait génial, papa ! Tu es le meilleur cavalier que je connaisse !

— Vendu ! s'exclame-t-il. On commence demain ! On se retrouve au centre équestre après tes cours ?

C'est une offre que je ne peux pas refuser.

CHAPITRE 6

Papa arrête la voiture devant la maison et laisse tourner le moteur.

— Tu n'entres pas?

— Désolé, David, j'ai des coups de fil importants à passer.

— Mais Audrey meurt d'envie de te voir!

— Je la verrai demain, c'est promis. Dis à ta mère que je vais l'appeler.

Oui, c'est ça... demain. Je sors du pick-up.

En me voyant arriver, maman se lève brusquement. Elle constate que je suis seul et tous ses espoirs s'évanouissent. Elle hoche la tête quand je lui dis que papa l'appellera et elle retourne s'asseoir devant les couverts en argent qu'elle astique pour le repas de Thanksgiving.

Cette fois, elle a invité Doc'Mac, Sophie, Zoé et quelques collègues de bureau. Un travail fou nous attend pour tout préparer! Mais je sens que cette agitation lui fait du bien.

Après les couverts, elle s'attaque à la sauce de la dinde. Audrey, à côté d'elle, colorie les petits cartons aux noms des invités. Même moi, je me sens joyeux à l'approche de la fête.

Victor laisse tomber son chargement de bois près de la cheminée du salon et se tourne vers maman.

— Tu as besoin d'autre chose? Je peux faire des courses en rentrant du travail, demain.

Elle lui adresse un regard plein de gratitude.

— Non merci, j'ai tout ce qu'il me faut.

Elle essuie ses mains sur son tablier et se penche pour déposer un baiser sur la tête d'Audrey. Tout est calme et agréable, comme dans les familles heureuses des publicités.

Pourvu que personne ne change de chaîne.

★

Le lendemain, quand j'arrive au centre équestre, après le collège, mon père m'y attend déjà. Je lui rends son sourire, on dirait que tout est comme avant. Il y a moins de gêne entre nous. On réapprend peu à peu à être ensemble.

Il a l'air heureux d'être là avec moi et j'adore avoir toute son attention. Il me regarde faire le tour du manège sur Comète.

— Serre davantage tes rênes, David! Montre à ta monture qui est le maître.

J'obéis et je mets Comète au trot. Je fais tout ce que je peux pour contenter papa. Pour une fois, mon assise est bonne. Je bouge avec Comète, et non pas sur Comète.

— Très bien! Continue comme ça, tu galopes tout droit vers les Jeux olympiques!

Je suis si heureux qu'il soit de retour! Il ne faut pas que je m'inquiète, tout va très bien se passer.

— C'est l'heure du décollage sur David Air Line! plaisante mon père.

Mais, au lieu d'installer un obstacle dans le manège, il le traverse pour ouvrir la barrière sur le grand parcours!

— Autant que tu t'entraînes sur le vrai terrain...

Je ne me sens pas tout à fait prêt, mais j'inspire profondément et je suis mon père à l'extérieur. Il a dû me voir pâlir.

— Leçon numéro un, commence papa, fais semblant d'avoir confiance en toi, même si ce n'est pas le cas ! Ça déstabilisera tes adversaires ! Et ne t'inquiète pas, Comète a déjà fait ce parcours, elle saura te guider.

Malgré ses encouragements, je suis très inquiet. Ma leçon d'hier a été un fiasco total. Je n'ai pas envie de rater mes sauts devant papa. Alors je me répète que je suis son fils et que je dois bien avoir un peu de son talent !

Mon père n'a pas mis les barres trop haut, Comète les franchit sans aucun problème. C'est même amusant de trouver le bon rythme et d'enchaîner les obstacles. Je suis quand même tendu, la sueur a imbibé mes gants.

« Tu peux le faire, David ! Il sera fier de toi ! »

— Bravo, fiston ! À te voir, ça a l'air facile !

Et, en souriant, il réhausse les barres... à plus d'un mètre ! Plus haut que je n'ai jamais sauté !

— Je ne suis pas sûr de pouvoir passer ça tout de suite...

— Tu as peur ?

Il me met au défi. Il me teste, les poings sur les hanches.

— Non... Mais il faut entraîner Comète pour ce niveau-là !

Mon père me regarde droit dans les yeux.

— Fais-moi confiance, David. Ta jument a envie de sauter ces obstacles. Regarde-la, elle trépigne d'impatience ! Ils ne sont pas trop hauts pour elle. Allez, donne-toi à fond !

Qu'est-ce que je suis censé faire ? Refuser ?

J'inspire profondément, serre mes talons sur les flans de Comète et la dirige vers le premier obstacle. Mon cauchemar me revient par flashs, je fais ce que je peux pour le chasser.

Comète est nerveuse, elle sent ma peur. Au premier obstacle, sa foulée est irrégulière, elle le contourne au lieu de l'attaquer.

— Holà ! crie mon père.

Je remets mon cheval en ligne. Je lis l'impatience dans les yeux de papa.

— Désolé, Comète n'a pas...

— Ce n'est pas elle, le problème. N'accuse jamais ton cheval, David !

Il soupire.

— Bien sûr, dans un cas comme celui-là, Zimmer baisserait la barre et ta mère te dirait de laisser tomber. Mais moi, je sais que tu n'es pas un dégonflé !

J'ai envie de lui dire : « Allez, viens te balader, papa, ou regarder un match de foot. On fera tout ce que tu veux, sauf du saut d'obstacles. » Mais je ne peux pas, quand il me regarde avec ces yeux-là.

Il croit tellement en moi. Il veut faire de moi un champion, je ne veux pas le décevoir.

— OK...

Je réajuste ma bombe et fais faire demi-tour à Comète pour un nouvel essai.

Je fixe l'obstacle. Mon père m'a raconté un jour que les athlètes olympiques utilisaient leur imagination pour réussir leurs prestations. Ils visualisent dans leur esprit, comme un petit film, ce qu'ils vont devoir accomplir. Ils se voient à l'avance sauter, passer la barre, retomber dans un mouvement parfait. C'est ce qu'ils sont en train de faire quand on les voit à la télévision, figés, les yeux rivés sur les barres.

Je me passe le film. Comète et moi, on survole les obstacles, on atterrit sans encombre, comme de vrais professionnels... Et j'imagine aussi mon père radieux et fier devant le public qui nous applaudit...

OK... Je suis prêt...

Mais ma confiance s'envole à chaque foulée. C'est plus fort que moi, je repense à ma tentative ratée de la veille. Je cours droit à la catastrophe, et je ne sais pas comment m'arrêter.

«Je ne veux pas me ridiculiser devant lui!»

Comète sent ma peur. Juste avant l'obstacle, elle ignore mon ridicule coup de talons, plante ses pattes antérieures, s'arrête net et me catapulte par-dessus l'obstacle.

Je tombe... exactement comme dans mon cauchemar.

Sauf que cette fois, c'est la réalité.

CHAPITRE 7

Quand j'ouvre les yeux, je ne sais plus où je suis. Dans mon lit, en train de rêver?

J'ai mal à l'épaule, je gémis. J'entends un hennissement aigu. Éclair? Je reprends mes esprits. Non, c'est Comète.

On est tombés! Elle doit être blessée!

J'essaie de me relever, mais des mains me maintiennent fermement au sol. J'ai du sang dans la bouche. On essuie la poussière sur mon visage. Je cligne des yeux pour distinguer un visage. Mon père et M. Zimmer m'entourent, tous les deux très pâles.

— Ne bouge pas, reste tranquille...
— Est-ce que Comète va bien?

— Elle va bien, fiston. Et toi aussi, ça va aller, je te le promets !

Encore une promesse.

Une sirène hurle. L'ambulance arrive et mes yeux se referment.

Mon Dieu, ce que j'ai mal à la tête !

*

Quand je m'éveille à nouveau, je me trouve devant l'hôpital. Dommage, moi qui rêvais, petit, d'un trajet à deux cents à l'heure en ambulance, j'étais inconscient, j'ai tout raté.

On conduit mon brancard vers les urgences. Je ne suis jamais allé à l'hôpital avant, sauf pour voir maman après la naissance d'Audrey. Les infirmières et les médecins se précipitent, comme à la clinique vétérinaire quand Doc'Mac reçoit un animal blessé. Je courais aussi quand on a accueilli les petits chiots sous-alimentés, il fallait agir vite...

Je referme les yeux.

Quand je les rouvre, je suis en radiologie. Une vive douleur me transperce le bras à chaque fois qu'ils me déplacent pour prendre un cliché. Je marmonne quelque chose à propos de l'appareil portable de Doc'Mac. C'est quand même superpratique ! Mais ils ne me répondent pas, ils me regardent tous comme si je délirais.

Ensuite, j'attends dans une petite pièce jusqu'à ce qu'arrive un jeune docteur.

— Bonne nouvelle ! dit-il. Tu n'as rien de cassé, tu es seulement un peu secoué. Tu as eu de la chance.

Il me tapote le bras.

— En revanche, prépare-toi à être couvert de bleus ! Mon petit gars, tu vas déguster pendant les prochains jours.

Il m'aide à descendre du brancard et m'accompagne jusqu'à la salle d'attente. Mes parents sont là, tous les deux, le visage crispé. Ils ne se parlent pas, ils ne se regardent pas. Il y a des gobelets de café éparpillés sur la table devant eux. Depuis combien de temps sont-ils là ?

— David !

Maman se lève d'un bond et court vers moi, les yeux brillant de larmes. Mon père la suit, ils m'entourent de leurs bras.

— Aïe !

— Oh, pardon, mon chéri ! s'excuse ma mère en reculant d'un pas. Tu souffres beaucoup ?

— Non, non... Je suis couvert de bleus, mais je vais bien.

Ce n'est pas tout à fait vrai. Mais ce qui me fait le plus mal, c'est de les voir se comporter comme des étrangers l'un avec l'autre.

Mon père se tourne vers le médecin.

— Comment va-t-il?

— Bien, au vu de ce qui lui est arrivé. Il n'a rien de cassé. Je vais lui prescrire un antidouleur.

— Et le sang sur son visage? s'inquiète maman.

— Un simple saignement de nez, explique le médecin.

Il griffonne quelques mots sur un bloc et tend l'ordonnance à ma mère.

— Appelez-moi s'il a des vertiges ou des nausées. Mais je ne m'inquiète pas, il va très bien. Prends soin de toi et repose-toi bien…, me dit-il en souriant. Et, surtout, attends quelques jours avant de remonter sur un cheval!

Il s'en va. Ma mère s'essuie les yeux. Qu'est-ce que je peux lui dire? Maman s'est toujours inquiétée de ma passion pour l'équitation. Elle a peur que je me blesse, surtout depuis que j'ai commencé le saut d'obstacles. Elle va m'interdire d'approcher un cheval jusqu'à la fin de mes jours!

— Je suis désolé, maman… Désolé, papa. Je me suis complètement planté!

Maman lance un regard furieux à mon père et éclate de nouveau en sanglots. Papa a l'air si mal à l'aise! Bizarre. Aucun des deux ne semble me reprocher quoi que ce soit. Je comprends de moins en moins ce qui se passe. Soudain, mon père me demande pardon! Il me présente des excuses, à moi!

— Tout est ma faute, David, dit-il. J'ai été stupide, je t'en ai trop demandé. Jamais tu n'aurais tenté ce saut si je ne t'y avais pas poussé. Je voulais...

Désemparé, il me tend la main.

— Pardonne-moi...

Et il se tourne vers ma mère.

— Je suis sincèrement désolé.

Maman était si en colère tout à l'heure qu'on aurait dit qu'elle allait exploser mais, là, elle soupire et se détend.

— Allez, on rentre à la maison! dit-elle en me caressant les cheveux. Tu as besoin de te reposer!

Mon père me serre très fort la main.

— Je te verrai demain, d'accord?

Il me parle, mais c'est à maman qu'il s'adresse. On dirait qu'il lui demande sa permission.

CHAPITRE 8

En me réveillant le lendemain, j'ai une image en tête : le grand squelette qui trône dans la classe de SVT de Mme Nelson ! Je peux sentir chacun de mes os ! Dès que je bouge, j'en découvre un que je ne connaissais pas. On est mercredi, aujourd'hui. Je n'ai pas cours, et c'est tant mieux !

Il y a une petite créature au bout de mon lit. Une créature en robe violette, col roulé et gros collants de laine. Audrey me regarde, les yeux écarquillés. Elle finit par chuchoter :

— David... David... Tu es vivant ?

— Oh oui ! Vous n'arriverez pas à vous débarrasser de moi si facilement !

Ses yeux s'arrondissent encore.

— Je rigole, Audrey!

Elle a l'air soucieuse. Je lui tends les bras pour un câlin. Elle me serre tout doucement, comme si elle avait peur de me casser en deux.

Pour la rassurer, je lui fais des chatouilles! Elle pousse des cris stridents et s'éloigne de moi.

— Mamaaan! Au secours! hurle-t-elle en riant.

Voilà qui est mieux. Beaucoup mieux.

— Je t'ai apporté ton petit déjeuner, dit Audrey en soulevant le plateau qu'elle avait posé sur le sol.

Elle a du mal à avancer, je ne sais pas s'il restera une seule goutte de jus d'orange dans le verre à la fin du trajet.

— Hum, ça a l'air... délicieux!

Elle a laissé brûler ma tartine et versé dessus la moitié du pot de confiture de fraises.

— Je peux goûter?

Je lui en donne un bout, qu'elle engloutit aussitôt. À ce moment-là, un objet volant non identifié traverse ma chambre et atterrit à côté de mon lit.

— Pommade du sportif! crie Victor dans l'embrasure de la porte. Ça atténuera la douleur. Et l'odeur gardera les filles à distance.

— Merci!

— Donc, si j'ai bien compris, ton cheval t'a fait faire du rodéo?

Je hausse les épaules. Je ne veux pas que mon grand frère me prenne pour un pleurnichard.

— Ça va, dis-je. Tu sais, il paraît qu'il faut tomber sept fois de cheval avant d'être un vrai cavalier.

— Hein? Eh bien, moi qui pensais que le rugby était un sport violent…, répond-il d'un air impressionné.

La sonnerie de l'entrée fait sursauter Audrey. Sous le coup de la surprise, elle fait tomber un bout de tartine sur sa robe.

— C'est peut-être papa? s'exclame-t-elle, les yeux brillants.

— Audrey…

Je n'ai pas le temps de finir ma phrase, elle a déjà quitté ma chambre. Victor me regarde. Il sait que notre père est de retour, mais maman n'a pas encore prévenu ma sœur. Elle n'est pas sûre qu'il vienne.

— Tu as vu papa?

Victor hausse les épaules.

— Non, et je n'en ai pas spécialement envie.

— Il revient s'installer en Pennsylvanie!

— Mais oui, c'est ça… Tu rêves, mon gars.

— Non, je suis sérieux! Je crois vraiment qu'il essaie… d'arranger les choses.

Victor me toise. La colère se lit sur son visage.

— Les choses sont très bien comme elles sont! grogne-t-il.
— Victor!
— Pour moi, tout va bien, merci. J'ai un travail, des copains... J'ai une vie. Qui a encore besoin de lui?
— C'est papa! crie Audrey dans l'entrée.
Victor tourne un instant la tête pour écouter.
— Je m'en vais, dit-il tout à coup.
— Victor, attends...
— Il faut que j'aille travailler! Est-ce que tu as idée du nombre de filles canon qui vont au cinéma quand elles n'ont pas cours? fait-il en se dirigeant vers l'escalier.

En bas, je l'entends saluer froidement papa. Puis la porte d'entrée claque. Il est parti.

Je repousse ma couette et m'habille aussi vite que possible. J'ai tellement mal! Le temps que je me batte avec mon T-Shirt, mon père est sur le pas de la porte. Audrey se cramponne à sa main, un sourire radieux sur le visage.

— Je te l'avais dit, David! Je te l'avais dit, que c'était papa!

Elle lève les yeux vers lui et pousse un soupir théâtral.

— Pfff... David me croit jamais!

Mon père me tend une grosse boîte avec un nœud orange. À l'intérieur se trouve une superbe bombe d'équitation!

— Elle est géniale, papa! Merci!

— Vu l'état de la tienne, cela s'imposait, dit-il. On ne monte pas avec une bombe cabossée, qu'en penseraient les chevaux?

Je souris et je l'essaie tout de suite.

— Alors? De quoi j'ai l'air?

Audrey enroule une mèche de cheveux autour de son doigt.

— Euh... Tu ressembles un peu à... Kermit la Grenouille!

Maman vient d'entrer dans ma chambre.

— Tu as vu ma nouvelle bombe, maman?

— Très jolie. Elle doit coûter cher...

Papa se balance d'un pied sur l'autre et murmure, hésitant:

— Je pensais me promener avec Audrey un petit moment.

Maman hésite. Elle doit à la fois se réjouir et s'inquiéter pour ma sœur. Mais elle finit par accepter.

— Mon Dieu! s'écrie-t-elle soudain.

Elle vient de se rendre compte qu'Audrey est couverte de confiture. Elle en a sur les joues, sur la robe et même dans les cheveux!

— Allons d'abord faire un brin de toilette, dit maman. Par ici, miss, tu as besoin d'une bonne douche. J'espère qu'on arrivera à sauver ta robe !

— Je ne veux pas l'enlever !

— Oh que si, tu vas l'enlever.

— Obéis donc à ta mère, jeune fille, intervient mon père. J'attendrai. Tu es si jolie dans cette robe... Ne voudrais-tu pas qu'elle soit propre pour Thanksgiving ?

Audrey acquiesce et file vers la salle de bains. Maman adresse à papa un signe de gratitude.

J'essaie de ne pas être jaloux d'Audrey. Après tout, hier, c'est moi qui avais toute l'attention de papa. N'empêche que j'aurais bien aimé qu'il m'emmène aussi ce matin ! Et ça me donne une idée.

— Dis, papa... En attendant Audrey, tu ne veux pas venir voir la clinique vétérinaire où je suis bénévole ? C'est tout près d'ici.

Je veux qu'il sache que je ne rate pas toujours tout. Il sera peut-être impressionné quand il saura ce que je fais chez Doc'Mac.

— Mais ta sœur sera bientôt prête..., hésite-t-il.

— Ça ne nous prendra que quelques minutes. S'il te plaît, papa !

— D'accord, d'accord. Allons-y !

— Je conduirai Audrey là-bas, ajoute maman.

Il nous suffit de traverser la rue. Quand nous entrons, la salle d'attente est vide. Sophie et Zoé, à l'accueil, trient les dossiers des patients.

Mon père salue Zoé, et je lui présente Sophie :

— Voici Sophie Macore, l'autre petite-fille de Doc'Mac. Isabelle et Clara sont arrivées ?

— Pas encore, me répond Sophie en saisissant un muffin. C'est plutôt calme, aujourd'hui.

— Tu en veux un ? me demande Zoé. Parfum orange, je les ai préparés ce matin.

J'en attrape deux. Je n'ai pas pu avaler le demi-pot de confiture de fraise sur toast carbonisé d'Audrey et... Zoé est une excellente cuisinière ! Elle dit que la gouvernante qui l'a élevée lui a tout appris. Avant qu'elle s'installe chez sa grand-mère, Sophie et Doc'Mac étaient des habituées des pizzas surgelées.

Mon père se dirige vers la salle d'attente, mais je ne lui laisse pas le temps de s'asseoir.

— Non ! Viens, je vais te faire visiter ! On commence par les salles d'examen. Doc'Mac a donné à chacune le nom d'un célèbre vétérinaire. La salle Herriot... et la salle Docteur Dolittle.

Doc'Mac en sort justement... avec un balai. J'ai un petit mouvement de recul. Je voudrais montrer à mon père une clinique vétérinaire en pleine effervescence, et voilà que Doc'Mac joue les femmes de ménage!

— Bonjour, David! Alors, comment te sens-tu?

— Pourquoi? Qu'est-ce qu'il a eu? demandent en chœur Zoé et Sophie.

Elles ne savent pas encore ce qui m'est arrivé.

— Eh bien... Mon père me donnait une leçon de saut. J'ai parfaitement franchi l'obstacle, mais pas mon cheval!

Tout le monde rit.

— Plus que six chutes pour être un bon cavalier! ajoute Zoé.

— Soyez le bienvenu, monsieur Brack, dit Doc'Mac. Sophie, pourrais-tu aller à l'étage? J'ai dû laisser des dossiers sur ma table de nuit.

— Bien sûr!

Sophie se dirige tout de suite vers la porte qui relie leur maison à la clinique, et je reprends la visite. Mon père observe tout ce que je lui montre, mais je me demande s'il s'ennuie. J'espère que quelque chose va enfin se passer pour qu'il voie de quoi on est capables. Comme si elle lisait dans mes pensées, Doc'Mac lui dit:

— Ce n'est pas si calme, d'habitude. Je suppose que c'est dû aux vacances. Je ne vais pas me plaindre : cela me donne l'occasion de reprendre mes recherches.

Elle sourit.

— Enfin, c'est que j'essayais de faire avant que ma connexion Internet ne me lâche !

— On ne peut rien pour vous, lui dis-je. L'informatique, c'est le domaine de Clara.

— Oh oui ! acquiesce Doc'Mac. Chaque année, pour Thanksgiving, je fais la liste des personnes que je ne dois pas oublier de remercier ! Je l'appelle ma liste des mercis. Clara y sera en bonne place, vous pouvez me croire !

La vie de Doc'Mac peut sembler parfaite. Elle adore travailler auprès des animaux et tout le monde l'aime. Elle tient même plusieurs chroniques vétérinaires dans des magazines. Mais elle a eu des moments très difficiles. Sa fille et son gendre, les parents de Sophie, sont décédés il y a plusieurs années. Et, d'après ce que j'ai compris, elle ne parle presque plus à la mère de Zoé. Maintenant, elle élève ses deux petites-filles.

— On devrait tous faire une liste comme vous ! approuve mon père. À ce moment-là, la porte d'entrée de la clinique s'ouvre brutalement.

Une femme accourt.

— Docteur Macore ! Omar s'étouffe !

Andréa Moore vit à quelques maisons d'ici.

Dans les bras la jeune femme, un chat siamois fait d'horribles gargouillis. Elle l'a enveloppé dans une serviette, mais il a presque réussi à s'en extraire.

Soudain, tout le monde s'active. Andréa suit Doc'Mac dans la salle Herriot.

— Mains! crie la vétérinaire.

On sait tous ce que ça signifie. Même en cas d'urgence, elle insiste sur l'hygiène. On se lave les mains pendant qu'elle passe un antiseptique sur la table métallique. Andréa y dépose son chat et retire avec précaution la serviette. Omar tousse et siffle tandis que Doc'Mac commence à l'ausculter. L'essentiel d'abord : le rythme cardiaque. Puis elle tâte son abdomen à la recherche d'éventuelles blessures.

Je dois avouer que les chats ne sont pas mes animaux préférés. Je suis plus à l'aise avec les chiens et les chevaux, bien sûr. Mais ce pauvre siamois qui parvient à peine à respirer me fait de la peine.

Zoé et moi, on le maintient immobile. Mon père est resté près de la porte. Je pense qu'il ne veut pas nous gêner. Je suis content qu'il puisse me voir à l'œuvre. Maintenant, il faut sauver ce chat.

— A-t-il avalé quelque chose? demande Doc'Mac en ouvrant la gueule du siamois avec précaution.

Elle observe l'intérieur de sa gorge avec une lampe adaptée.

— Non, je n'ai rien vu, répond Andréa, mais j'ai retrouvé un morceau de ma dinde de Thanksgiving par terre.

Oh non! Omar doit être en train de s'étouffer avec un os!

Précise et professionnelle, Doc'Mac le remet sur ses pattes. Il étire son cou en avant et se met à tousser, encore et encore. C'est effrayant!

Andréa a l'air paniquée, alors je suggère:

— Si c'est un os, peut-être que la manœuvre de Heimlich l'aiderait?

— C'est très rare qu'un chat s'étouffe, me répond Doc'Mac. Et on ne peut pas pratiquer cette technique sur eux. Je soupçonne autre chose. Il est en grande détresse respiratoire. David, donne-lui de l'oxygène! Petit masque! Zoé, vérifie son rythme respiratoire.

Je fais rouler la bombonne jusqu'à la table, je l'ouvre et j'accroche un masque au bout du tuyau.

— Pouls à 240, annonce Doc'Mac. Son cœur accélère! Rythme respiratoire?

— Difficile à estimer, répond Zoé, il tousse trop! Je dirais cinquante inspirations à la minute.

Pas besoin d'un diplôme de vétérinaire pour savoir que c'est bien trop rapide!

Doc'Mac règle l'oxygène.

— Pose-lui le masque, David!

Je l'ai vu faire des dizaines de fois, ça avait l'air facile. Mais le museau d'Omar est minuscule. Il se contorsionne, il essaie d'arracher le masque. Enfin, il arrête de se débattre quand il sent l'oxygène entrer dans ses poumons.

La table d'examen est couverte de poils. Tous les chats en perdent quand ils sont effrayés.

— Beau travail, David, me félicite Doc'Mac. Maintenant, aide Zoé à le tenir... En douceur!

Je glisse mes mains sur les flancs du chat en me demandant si mon père est toujours en train de nous regarder. Je ne le vois plus, je lui tourne le dos.

— Tout va bien, Omar..., murmure Andréa en embrassant la patte du chat. Calme-toi...

Quelques secondes plus tard, Doc'Mac approche avec une seringue.

— Surtout, qu'il ne bouge pas pendant l'injection! dit-elle. Quel âge a-t-il, Andréa? Je ne l'ai jamais vu.

— Nous pensons qu'il a trois ans, répond la jeune femme. Nous l'avons récupéré dans un étang la semaine dernière. Quelqu'un l'avait jeté à l'eau! Je n'arrive pas à croire qu'on puisse faire une chose pareille.

Doc'Mac ne répond pas. Elle a vu des animaux subir des traitements encore plus atroces.

— Zoé, note que je lui ai administré cinquante milligrammes de prednisolone sodium succinate.

— C'est fait.

Cherchant à évaluer ses réactions au traitement, Doc'Mac ne quitte plus Omar des yeux.

— Avez-vous remarqué des signes de maladie depuis que vous l'avez?

Andréa se mord la lèvre et réfléchit.

— Il a reniflé un peu, ces jours-ci, mais j'ai fait beaucoup de ménage et soulevé pas mal de poussière. Il ne mange pas beaucoup non plus. Je pensais qu'il avait un peu de mal à s'habituer à sa nouvelle maison. Vous savez à quel point les chats peuvent être difficiles!

Progressivement, Omar se détend. Sa respiration se calme. Doc'Mac se passe la main dans les cheveux.

— Il faut que je pratique d'autres examens, dit-elle. Prise de sang, bilan sérologique et radio du thorax... Plus une surveillance cardiaque, mais je pense déjà pouvoir dire qu'Omar a de l'asthme.

— De l'asthme! s'écrie Andréa.

— Ça arrive en général aux chats entre un et huit mois, explique la vétérinaire. Les femelles ont deux fois plus de chances d'en être victimes, mais les mâles aussi peuvent en être atteints. Et devinez quelle est la race la plus touchée?

— Les siamois?

— Tout juste, David!

— Pourtant, il allait bien quand je l'ai ramené de l'étang, s'étonna Andréa. Pourquoi est-il tombé malade tout à coup?

— La crise a pu être provoquée par un nouvel élément dans son environnement. De la laque pour cheveux, de la fumée de cigarette, des produits ménagers...

— Eh bien, comme je vous l'ai dit, j'ai fait beaucoup de ménage et mon frère, qui est là pour Thanksgiving, s'est remis à fumer.

— Ça confirme mes doutes.

— Oh! Je suis désolée, mon pauvre Omar, s'écrie Andréa en caressant son chat.

— La bonne nouvelle, c'est qu'on peut le soigner, la rassure Doc'Mac. Il semble bien réagir à l'injection de stéroïdes. Donc, à moins que les examens ne révèlent autre chose, nous le mettrons sans doute sous traitement.

— Merci, docteur Macore! s'écrie Andréa. Merci à tous! Vous venez de lui sauver la vie!

Je me tourne d'un coup vers mon père et... blam! je renverse le plateau d'instruments.

Zoé rigole et s'agenouille pour m'aider à les ramasser. Doc'Mac fronce les sourcils, mais elle ne semble pas m'en vouloir. Ce n'est pas la première fois que ça m'arrive !

Pourtant, je suis très embarrassé d'avoir été maladroit devant mon père. Je lève timidement les yeux. Il n'est plus dans l'embrasure de la porte.

Il n'est pas non plus dans le couloir. Ni dans la salle d'attente. Ni dans l'entrée. Je ne le vois nulle part.

Je n'arrive pas à le croire ! Il est encore parti sans me dire au revoir.

CHAPITRE 9

Je me précipite à l'extérieur de la clinique. Papa est peut-être sorti à cause du chat qui s'étouffait. Certains personnes ont du mal à supporter la vue d'un malade ou d'un blessé.

Il est de l'autre côté de la rue, adossé à son pickup. Il ne s'est pas enfui, il voulait juste passer un coup de fil !

Audrey est déjà assise dans la voiture. Elle sautille d'excitation.

Papa me tourne le dos, il ne me voit pas arriver. En traversant, je surprends une partie de sa conversation.

— Un travail comme celui-ci à Philadelphie serait parfait...

Mon cœur fait un bond. Alors, c'est vrai ? Il va rester avec nous ? Je sais que ça ne se fait pas, mais je ne peux pas m'empêcher d'écouter. C'est aussi de *ma* vie qu'il s'agit.

— Est-ce qu'il y a d'autres choses que tu voudrais savoir, Isaac ? continue mon père. J'ai vraiment besoin de ce boulot...

Ça doit être Isaac Jackson, son vieil ami de lycée. Il travaille à Philadelphie. Je me rapproche, je veux tout entendre.

— Tu sais, Isaac, c'est dur depuis que j'ai été viré...

Ses mots me figent sur place. Papa a été VIRÉ ?

— Non, non... Je ne l'ai dit à personne, ajoute-t-il en tapotant du pied la roue du pick-up. Je ne veux pas que ça se sache.

Je ne peux pas croire ce que j'entends ! Audrey s'impatiente et frappe à la vitre.

— J'arrive, chaton !

Papa se met à faire les cent pas.

— Je sais... J'apprécie ce que tu fais pour moi, Isaac, mais c'est vraiment très urgent ! L'indemnité chômage ne permet pas de payer mes factures.

Il approche, je plonge derrière la voiture.

— OK, OK... Tu sais quand ils prendront leur décision ?

Les pièces du puzzle s'assemblent. Il n'est pas revenu pour moi, Audrey, Victor ou maman. Et il n'est pas non plus l'un de ces hommes d'affaires débordés qui n'ont plus de temps à accorder à leur famille.

Non. Il est revenu demander de l'aide à ses amis parce qu'il a perdu son travail au Texas ! Et on dirait que ça fait un moment. Ça explique le vieux pick-up cabossé qui remplace son coûteux 4×4.

Ça explique aussi qu'il ait cessé d'envoyer de l'argent à maman : il n'en a plus. Alors comment a-t-il pu m'acheter une bombe ? Comment entretient-il Ombre-du-roi ?

Ça m'est égal, son argent, sa voiture, ses cadeaux et son cheval. Je voulais juste qu'il rentre et que l'on forme à nouveau une famille ! Mais il m'a menti ! Il n'est pas revenu parce qu'on lui manquait !

Audrey presse son visage contre la vitre et grimace pour attirer son attention. J'ai comme un nœud à l'estomac, je voudrais courir et la prendre dans mes bras.

Soudain, je ressens exactement la même chose que dans mes cauchemars : je tombe, je tombe... Mon père ne peut pas être cette poule mouillée qui n'a pas le courage de nous dire la vérité !

Il a remis son portable dans sa poche. Il ne m'a toujours pas vu. Je pourrais faire semblant de n'avoir rien entendu... Non! Je suis trop en colère pour laisser passer ça! Quand il met la main sur la portière pour ouvrir le pick-up, je bondis.

— Attends, papa!

Il se retourne, surpris, et me sourit.

— David! Alors, comment se porte le chat?

L'expression de mon visage le refroidit net, mais il insiste :

— Impressionnant, le travail que vous avez fait pour sauver ce chat! Je suis désolé d'être sorti, je devais consulter mes messages.

— Tu n'es qu'un lâche!

Oui, je viens de traiter mon père de lâche, et je m'en moque! Dire que j'ai eu peur de passer pour un trouillard à ses yeux parce que le saut d'obstacles m'effrayait! Ce n'est rien à côté de ce que *lui* a fait.

— David, mais qu'est-ce qui te prend?

Je le regarde droit dans les yeux.

— Tu n'es même pas capable d'être franc avec nous!

Les vitres du pick-up sont fermées, mais je baisse quand même la voix pour qu'Audrey ne m'entende pas.

— Tu crois que tu peux revenir comme ça, après plus d'un an d'absence? Réapparaître dans notre vie comme si rien n'avait changé? En ramenant un beau cheval? En jouant les héros?

— David!

— Audrey a pleuré pendant des mois! Tu nous a manqué à tous! Tu ne téléphonais plus, tu n'as même pas écrit!

Je prends une grande inspiration pour ne pas pleurer de rage.

— Maman se démène pour nous élever. Et Audrey? Elle porte cette stupide robe d'été nonstop, comme si ça allait te faire revenir à la maison. Victor ne veut plus parler de toi. Est-ce que tu te fiches du mal que tu nous fais?

Papa reste un moment figé comme une statue. Puis il fait un pas vers moi, les mains tendues.

— Je ne sais pas ce que tu as entendu, David, mais je peux tout t'expliquer...

— Te fatigue pas! dis-je en faisant volte-face.

Je commence à m'éloigner, mais sa main s'abat sur mon épaule. Aïe! Il ne se souvient même pas de ma chute.

— Attends, David...

«Non! Continue! me dis-je à moi-même. Pars loin pour ne plus l'entendre te raconter des mensonges!»

Il me retient, alors je me retourne lentement. Et je le défie du regard. Ses épaules se sont affaissées, il a l'air fatigué.

— Tu dois me croire, David. Je suis bien conscient d'avoir tout gâché. Je veux retrouver un travail ici pour revenir près de vous, et rien d'autre. Mon ami Isaac a une piste...

— Ben, voyons !

— Je te le jure ! Écoute, j'aurais pu trouver un emploi ailleurs, mais c'est ici que je veux vivre. Tu me manques, David. Ma famille me manque.

Les mains enfoncées dans les poches, il se balance sur ses pieds.

— Je sais que cela va prendre du temps avant que tu me fasses de nouveau confiance. Mais écoute-moi, je t'en prie... Je t'aime. Je vous aime tous. Et il n'y a que ça qui compte pour moi.

Il passe la main dans ses cheveux blonds.

— Je ne savais plus où j'en étais, j'étais perdu...

— Je te plains, va ! Perdu comment ? Comme Audrey ?

Il grimace.

— D'accord, David, je mérite tes reproches, mais essaie de comprendre...

Et c'est reparti pour les excuses bidon. Je lui coupe la parole.

— Non merci, ça ne m'intéresse plus !

Je pars sans me retourner.

— David ! crie mon père. On pourrait en reparler demain !

— Oublie ça, papa! Pas la peine de te déplacer. On ne veut pas de toi pour Thanksgiving. Tu serais bien la dernière personne à inscrire sur une liste des mercis!

CHAPITRE 10

• • • • • • • • • • • • •

Je remonte l'allée, j'attrape mon vélo et file à toute vitesse vers le centre équestre. Chaque bosse sur la route fait vibrer mon corps de la tête aux pieds, mais je m'en fiche. Ce n'est rien à côté de ce qu'il se passe dans mon cœur.

J'arrive chez M. Zimmer en un temps record. Je balance ma bicyclette sur le gravier et me précipite vers le box de Comète. J'ai oublié ma nouvelle bombe ; tant pis, je n'en veux plus. Je porterai mon casque de vélo.

Je n'ai pas besoin de mon père pour apprendre à sauter. Je n'ai pas besoin de lui pour quoi que ce soit. Je n'ai pas besoin de sa bombe luxueuse, ni de son cheval de frimeur, qu'il a dû acheter avec de l'argent qu'il aurait mieux fait d'envoyer à ma mère.

M. Zimmer a l'air dans la lune, mais il m'autorise à monter Comète seul. Je la brosse et je l'équipe. Son odeur est si apaisante! Comète ne me questionne pas, ne me juge pas. Elle se contente d'aller docilement là où je veux.

Je contourne le manège et dépasse la maison de M. Zimmer. Je longe l'étang et traverse les prés jusqu'à la piste. Joyeuse de quitter les écuries, Comète galope le long des champs. On grimpe sur une colline, elle commence à transpirer mais ne ralentit pas. Penché sur son encolure, je me sens vivre à son rythme.

Peu à peu, ma colère s'estompe. Il commence à faire sombre, il faut rentrer aux écuries. Je coupe par le terrain de saut d'obstacles. Les barres blanches luisent dans ce décor qui se teinte de gris. Autour de nous, tout est silencieux, désert.

J'ordonne à Comète de s'arrêter. On reste là, à regarder les obstacles. Elle agite les oreilles et attend, confiante.

Je vais montrer à papa ce dont je suis capable! Je vais sauter et sauter encore, jusqu'à ce que je réussisse. Peu importe si je tombe, je me relèverai et je continuerai de sauter!

Je presse les flans de ma jument, et on se dirige vers le premier saut.

Elle semble inquiète, je lui fais contourner l'obstacle, on se remet en position.

— Qu'attends-tu, Comète? On peut le faire! Allez, ma belle, ne me lâche pas!

Elle baisse la tête, et moi, je me rends compte de ce que je suis en train de faire. Je parle comme mon père!

Je ne vais pas l'obliger à sauter. Elle a faim, elle est fatiguée. Ça serait dangereux pour elle, et pour moi.

Je revois mon père sur Ombre-du-roi. Qu'est-ce qu'il essayait de prouver?

Je tapote l'épaule de Comète.

— Désolé, ma belle. Tu mérites d'être mieux traitée!

Puis je mets pied à terre. Elle mérite de dîner, elle mérite d'être pansée.

En la menant à son box, j'aperçois un homme dans l'allée. Oh, non! Je n'ai pas envie de le voir. Pas maintenant. Pas déjà.

Je continue d'avancer. Je ne vais pas m'enfuir comme il l'a fait quand les choses allaient mal.

Mais ce n'est pas mon père, c'est M. Zimmer.

— Bonsoir, David! Veux-tu de l'aide? me

demande-t-il. J'ai l'impression que tu as beaucoup fait travailler Comète.

— Oui, merci.

On attache la jument et je sors les brosses, le peigne et la serviette. Je retire la terre et les cailloux de ses sabots. J'observe M. Zimmer. Ses gestes sont plus précis que les miens quand il brosse Comète. L'animal semble apprécier ce contact doux et ferme.

Une fois ses sabots nettoyés, je démêle sa crinière. Lentement, en utilisant le peigne et mes doigts pour défaire les nœuds. M. Zimmer commence à lustrer son pelage avec la serviette.

Ombre-du-roi et Éclair vont bien. Tous les deux auront seulement besoin de temps pour se remettre. À la vitesse d'un cheval, pas à celle d'un humain, dirait M. Zimmer. Et il y veillera.

C'est-ce qu'il fait avec moi aussi.

Il attend patiemment que je lui dise ce qui me préoccupe.

Je respire la forte odeur de cheval et de foin qui baigne les écuries. Quelle magnifique odeur!

— Je sais pourquoi mon père est revenu. Il a perdu son travail au Texas. La seule raison pour laquelle il est ici, c'est parce qu'un ami peut l'aider à trouver un emploi, dis-je en ravalant un sanglot.

— Oui, je suis au courant qu'il n'a plus de travail, me répond M. Zimmer.
— Pourquoi vous ne me l'avez pas dit?
— Parce que ce n'était pas à moi de le faire.

Il a raison. Éclair s'approche pour que je le caresse et je déballe tout:

— Jamais je ne pourrai lui pardonner tous ses mensonges! Je l'admirais plus que tout, mais c'est terminé! Je ne veux plus lui ressembler! Je vais même arrêter le saut d'obstacles! Qui a besoin de faire ça? Ce n'est que du spectacle.

— J'espère que tu continueras, me répond M. Zimmer. Tu ne veux pas l'entendre, mais tu as le même don que ton père. Et tu as montré tout à l'heure, en renonçant à faire sauter Comète, ton immense amour et ton respect pour les animaux.

Je me sens rougir.

— Vous m'avez vu?

Il hoche la tête.

— Oui, David. Tu sais les écouter. Et tu as compris que tu n'avais rien à prouver à quiconque sauf à toi-même. Si tu te souviens toujours de ça, tu seras un bien meilleur cavalier que ton père.

Je reste sans voix. Je dois être écarlate.

— Mer... merci, M. Zimmer.

Il faut que je fasse une liste des mercis, comme Doc'Mac! Et je mettrai M. Zimmer tout en haut de la page!

On éteint toutes les lampes, et on quitte les écuries.

— Il faut que tu comprennes autre chose, David, ajoute M. Zimmer. Ton père est un homme comme les autres. Vous lui manquez énormément. Sais-tu pourquoi il se donne tant de mal pour retrouver un bon travail?

— Parce qu'il a besoin d'argent?

M. Zimmer sourit.

— Parce qu'il veut que vous soyez fiers de lui!

CHAPITRE 11

• • • • • • • • • • • • •

Je rentre à la maison, décidé à faire quelque chose qui rendra certainement M. Zimmer fier de moi : appeler mon père, dans sa chambre d'hôtel.

— David! s'écrie-t-il, surpris.

Je prends une profonde inspiration.

— Oublie ce que j'ai dit à propos de Thanksgiving, papa. Audrey serait très déçue si tu ne venais pas. Et...

— Et?

Il attend, plein d'espoir.

— Et maman n'est pas très douée pour découper la dinde. Il faut que tu sois là.

Il éclate de rire, il ne s'attendait pas à ça.

— Et toi, David, tu veux aussi que je vienne?

Je serre le combiné, je ne sais pas quoi répondre. Mes sentiments ont tellement varié, ces deux derniers jours. Tout est devenu encore plus compliqué. Je ne serais sans doute plus jamais aussi fier de lui que je l'étais autrefois. Mais il reste mon père.

— Oui, dis-je simplement. Je veux que tu sois là.
— Alors j'y serai, répond-il.
Et, à cet instant, je le crois.

*

Le lendemain matin, maman court partout. Elle a encore mille choses à préparer, c'est la panique, et elle adore ça. La dinde sent bon, j'ai hâte de passer à table !

Enfin, Doc'Mac, Sophie, Zoé et les collègues de ma mère arrivent. Nous nous serrons tous autour de la table de la salle à manger. Porcelaine et verres en cristal, maman a sorti tout ce qu'on n'a pas le droit de toucher le reste de l'année. Elle a même allumé des bougies, pour mettre en valeur les fleurs offertes par papa.

Elle apporte la dinde et entreprend de la découper elle-même. Incroyable, elle évite le massacre ! Mon père me fait un clin d'œil, et je souris.

Nos assiettes remplies, maman propose que chacun exprime sa reconnaissance envers quelqu'un qui l'a soutenu cette année. Victor et moi, on lève les yeux au ciel : c'est tellement gnangnan ! Ma mère fait la même chose à chaque Thanksgiving !

Doc'Mac remercie de leur aide les bénévoles de la clinique. C'est nous ! Audrey remercie sa robe violette pour ses pouvoirs magiques. L'une des collègues de maman, qui vient du Laos, remercie l'Amérique pour son accueil.

Puis vient mon tour.

— Je suis reconnaissant à Zoé... d'avoir apporté un gâteau au chocolat et aux amandes !

Tout le monde se met à rire. Le tour de table est terminé.

Je jette un regard à mon père. Qu'est-ce qu'il aurait pu dire ? J'ai ma petite idée. Il a l'air si content d'être là...

Zoé découpe le gâteau et insiste pour me donner la première part. Maman rayonne, papa est détendu. Même Victor lui parle ! Quand il est arrivé pour le déjeuner, il nous a annoncé qu'il avait obtenu le poste qu'il convoitait à Philadelphie. Je l'ai aussi vu glisser une enveloppe dans le tablier de maman.

Ça doit être plus facile pour lui de nous retrouver alors que nous sommes entourés de nombreux invités. Mes parents ne se remettront probablement jamais ensemble. Et ça me rend triste. Nous allons devoir trouver une nouvelle manière d'être une famille.

Le soleil décline. Une fois nos invités partis, mon père se lève, tapote son ventre et dit :

— Qui est partant pour une partie de football ?

Je regarde Victor. Ils ont vraiment les mêmes yeux bleus. Je sais que papa lui propose davantage qu'une partie de foot. Pendant un instant, je crains que mon frère décide de tout gâcher. Qu'il refuse et s'en aille.

Je me précipite vers lui.

— Allez, Victor ! On y va !

Il hésite. Je sais très bien ce qu'il ressent.

— Allez ! Tu as peur de perdre ?

Puis j'ajoute, si bas que personne d'autre ne peut m'entendre :

— S'il te plaît…

Victor finit par hausser les épaules.

— OK ! Pourquoi pas ?

Il me pousse dans le dos et sourit à mon père.

— Les perdants feront la vaisselle !

— Moi, je veux gagner ! crie Audrey.

Papa l'attrape et l'installe sur ses épaules.

— Bien sûr, chaton ! Et tu seras dans mon équipe !

Ma sœur rit de plaisir. Ensemble, nous sortons jouer dans ce froid après-midi de novembre.

FIN

Le saut d'obstacles

Par J. J. MACKENZIE, docteur vétérinaire

Les chevaux sont naturellement de très bons sauteurs. Mais sauter en portant un homme sur son dos n'est pas une mince affaire. Afin d'éviter les blessures, la monture et le cavalier doivent beaucoup s'entraîner.

Le cheval passera d'abord une série de barres posées à même le sol. Il apprendra ainsi à faire attention à ce qu'il y a devant lui et à relever les sabots. Ensuite, son cavalier le mènera vers un obstacle plus haut.

Peu à peu, l'homme et l'animal développeront leurs compétences et leur confiance mutuelle pour réussir de grands sauts.

La sécurité d'abord

Comme tout sport, le saut d'obstacles comporte des risques. Le cavalier doit toujours porter une bombe d'équitation à sa taille. Le cheval peut aussi porter des protège-tibias spéciaux, pour amortir les chocs et éviter les blessures.

Le cheval ne voit qu'en noir et blanc. Pour qu'il reste vigilant, les obstacles sont peints en blanc et en une couleur contrastée. Les plus modernes sont conçus pour que les barres tombent au moindre choc.

Un vrai spectacle

Depuis des siècles, les cavaliers aiment franchir barrières, rivières et buissons en galopant à travers champs. On appelle cette course le steeple-chase. *Steeple* est un mot anglais qui signifie «clocher». Naguère, les cavaliers les utilisaient comme repères dans les campagnes. De nos jours, c'est un long parcours avec des sauts extrêmement difficiles, déconseillé aux âmes sensibles!

Le saut d'obstacles, lui, se déroule sur un terrain de concours. C'est une discipline olympique depuis 1900. Le cavalier doit franchir les obstacles dans un ordre précis, sinon il est disqualifié. Il réalise son parcours seul, observé par des juges. Si son cheval fait tomber une barre, on lui compte une faute. Si son cheval refuse trois fois un saut, il est exclu! C'est le cavalier ayant fait le moins de fautes et le meilleur temps qui l'emporte.

Les cavaliers débutants peuvent participer à des concours où les obstacles sont adaptés à leur niveau. La vitesse ne compte pas, le parcours n'est pas chronométré. L'objectif est de réussir un passage avec de beaux sauts et le moins de fautes possible.

Un sport de champions

Vous pouvez admirer les champions de saut d'obstacles à la télévision, pendant les jeux Olympiques ou d'autres compétitions internationales. Vous y verrez une impressionnante variété d'obstacles très difficiles, comme les murs, les bassins et les combinaisons, dans lesquelles les chevaux doivent enchaîner deux ou trois sauts. Certains obstacles dépassent les 2,30 mètres de hauteur et semblent infranchissables !

Découvre vite un extrait du tome 10 :

LES PETITS
VÉTÉRINAIRES

CHAPITRE 1

• • • • • • • • • • • • • •

— Qu'est-ce que c'est sale ! C'est pas possible !
Je repousse les cheveux qui me tombent dans les yeux et replonge la brosse dans le seau.

— Ce ne serait pas plus simple d'acheter de nouvelles cages ?

Mon ami, David Brack, de corvée lui aussi, est bien d'accord. Il jette un œil dehors et, à la vue du ciel, s'exclame :

— Tu as raison... C'est une insulte à la nation américaine de ne pas jouer au base-ball par un temps pareil !

Le printemps est magnifique mais, pour une raison mystérieuse, nous ne pouvons pas en profiter. Ma grand-mère, plus connue sous le nom de

Dr Macore, alias Doc'Mac, meilleure vétérinaire d'Ambler, pense que c'est le moment idéal pour faire le ménage à fond. Elle a mis tous les bénévoles de la clinique au travail, c'est-à-dire : moi, David, ma cousine Sophie, Isabelle Rémy et Clara Patel. Mission du jour : nettoyer les lieux du sol au plafond. Fenêtres, placards, cages, chenil… tout doit briller !

Elle appelle ça « le grand nettoyage de printemps », et prétend que c'est bon pour le moral. Elle m'a dit : « Zoé… Au printemps, les oiseaux reviennent au Nord construire de nouveaux nids. C'est le moment idéal pour tourner la page et prendre un nouveau départ ! »

Moi aussi, au printemps j'ai de nouvelles envie. Mais pas de nettoyer un chenil !

Quand je vivais à New York, je ne faisais jamais le ménage. J'ai grandi dans un appartement avec une merveilleuse gouvernante. Ethel s'occupait de tout pendant que maman travaillait. Ma mère est actrice. À l'époque, elle avait un rôle dans un feuilleton qui passait tous les jours à la télévision. Ethel prenait soin de l'appartement, je ne me suis jamais rendu compte à quel point les choses se salissent vite.

Dans mon quartier, à Manhattan, le printemps se résume aux mètres carrés de pelouse autour des arbres, où fleurissent les pâquerettes... aux mètres carrés où des centaines de chiens s'arrêtent chaque jour pour faire leurs besoins, aux milliers de personnes qui sortent soudain pour essayer d'attraper un rayon de soleil entre deux gratte-ciel.

Au printemps, maman et moi avions nos rituels : longues promenades dans Central Park, shopping chez Bloomingdales.

David me laisse nettoyer les cages et va s'attaquer aux tapis de sol qu'on a suspendus dehors.

— Hiiiiii... ya !

Il les frappe comme un karatéka et me fait mourir de rire.

Baskets, mon petit chien noir et marron, prend le nettoyage de printemps pour un jeu. Il aboie après les tapis qui se balancent sur un fil. Même Sherlock Holmes, le vieux basset de Sophie, trottine avec une énergie inhabituelle.

David finit par s'effondrer dans l'herbe.

— Je n'en peux plus ! Mon honorable adversaire m'a vaincu !

Je ris et je sors un petit papier de ma poche. Ma chère grand-mère a eu la bonté de m'écrire la liste des choses à faire pour que je ne me retrouve pas à court de corvées. Merci, mamie !

— Prochaine galère... «Brosser les chaises sur la terrasse».

Nous sommes censés nettoyer la clinique mais, sans doute parce que je suis de la famille, elle a ajouté pour moi quelques corvées domestiques. Je jette un coup d'œil au mobilier de jardin grisâtre qui vient de passer dehors le long hiver de Pennsylvanie.

David se relève.

— Tu m'aides à nettoyer les chaises?

— Euh... là, ça tombe mal, c'est pile l'heure du goûter! s'écrie-t-il.

Et il s'élance vers la maison: David a toujours faim.

Au moins, pour cette corvée, je vais pouvoir profiter du beau temps. Une brise légère agite les jeunes feuilles du chêne, et des oiseaux se posent sur les mangeoires de notre voisin. J'aimerais qu'on en pose une, nous aussi. Mais chaque fois que j'en parle, ma grand-mère plaisante et dit qu'elle a déjà assez d'animaux à la clinique, sans qu'elle ait besoin d'en attirer de nouveaux. En outre, leur offrir un repas pourrait se transformer en piège: tout oiseau pénétrant dans notre jardin a des chances de finir en casse-croûte dans la bouche de son chat Socrate!

Je vois un éclair bleu parmi les oiseaux qui volètent autour des mangeoires. Un merle, peut-être? On dit que le premier qu'on voit au printemps porte bonheur. Une bonne raison pour laisser tomber ma brosse et aller regarder de plus près...

Non, ce n'est pas un merle. Sa tête est bleue, mais son corps est vert. Et il est bien trop gros! Et ce bec... Incroyable! C'est un perroquet!

— David, Sophie! Venez vite!

Ma cousine sort en courant de la maison. Mais le temps qu'elle arrive, le perroquet s'est envolé.

— Qu'est ce qui se passe? Tout va bien?

— Je viens de voir un perroquet sauvage sur la mangeoire de M. Cowan!

— Ouiii... c'est ça..., rigole Sophie. Très drôle!

— Je t'assure que je l'ai vu! Il était vert avec une tête bleue...

— Et une petite robe rose? Et des ballerines noires? Zoé, les perroquets ne se promènent pas dans la nature. En tout cas, pas ici, à Ambler. En Amérique du Sud, évidemment...

Elle peut prendre son ton de Mademoiselle Je-sais-tout-sur-les-animaux, je suis sûre de ce que j'ai vu.

— Je te répète qu'il était là, sur la mangeoire!

— Le premier avril, c'était la semaine dernière, ma chère Zoé. Est-ce que ce n'est pas plutôt une ruse pour échapper au grand nettoyage de printemps?

Elle tourne les talons, fait voler ses longs cheveux roux noués en queue de cheval et repart vers la maison.

— Fais-moi signe si tu vois un chimpanzé ou un éléphant...

Oh! Comme elle m'exaspère avec son ton de pimbêche! Je reprends ma brosse. Autant passer mes nerfs sur les chaises.

Quand je suis arrivée ici, il y a un an, Sophie et moi, on ne s'est pas très bien entendues. Elle vivait toute seule avec notre grand-mère depuis son plus jeune âge, car ses parents sont morts dans un accident de voiture. À ce moment-là, elle a commencé à avoir du mal à suivre à l'école. Ensuite David, Clara et Isabelle sont venus aider à la clinique. Sophie a dû s'adapter à tous ces changements, ça n'a pas été facile. C'est quand nous nous sommes rendu compte que nous partagions le même amour des animaux que les choses se sont peu à peu arrangées. Maintenant, on se connaît bien! Trop, peut-être... Sophie sait exactement ce qu'il faut faire pour que j'enrage! Et je sais presque toujours ce qu'elle pense. Même si cela peut être agaçant, c'est formidable d'être devenues si proches. Aujourd'hui, pour rien au monde je ne changerais de vie!

Assise sur les marches de la terrasse, j'observe le jardin de notre voisin, au lieu de continuer mon travail (il me reste trois chaises). Je n'arrive pas à vider mon esprit de l'image de ce perroquet ! À New York, je voyais souvent un homme faire son jogging dans Central Park. Un grand Ara rouge le suivait en voletant de branche en branche. Je suis sûre que les oiseaux domestiques peuvent s'échapper, comme les autres. Pourquoi Sophie affirme-t-elle que c'est impossible à Ambler ?

Je reconnais qu'elle en sait plus que moi sur les animaux : elle a grandi avec notre grand-mère à la clinique. À New York, à part un poisson rouge, je n'ai jamais eu d'animaux. Ma mère m'emmenait au zoo, mais elle a toujours refusé que nous ayons un chien ou un chat.

C'est quand même bizarre chez une fille de vétérinaire !

Elles ne se ressemblent pas du tout, c'est peut-être pour ça qu'elles ne sont pas très proches. L'année dernière, maman a perdu son travail : la chaîne de télévision a stoppé le feuilleton dans lequel elle jouait. Elle a saisi l'occasion pour réaliser son rêve : aller travailler pour le cinéma en Californie. Elle ne voulait pas m'emmener. « Notre séparation ne durera pas longtemps » disait-elle. Mais aucune des auditions n'a marché. Et le «pas longtemps» s'est transformé en presque une année.

Pour Noël, je suis allée lui rendre visite à Los Angeles. C'était génial et nul à la fois. Elle a été rappelée pour trois rôles pendant que j'étais là, alors on a passé notre temps dans les salles d'attente des castings. Au début, on espérait encore. Et si elle avait le rôle? Mais toutes les réponses sont tombées. Et elles étaient négatives. Maman a bien résumé la situation: «Bienvenue, ma Zoé, dans le monde cruel des comédiens!»

Parfois, j'aimerais vraiment avoir une mère comme les autres, une mère qui prépare le dîner et regarde les devoirs de maths, comme celles de David, Isabelle et Clara. Pourtant, elles aussi elles travaillent. Et puis je repense au talent de ma mère! Je me souviens de ces moments où elle parvenait à rendre son personnage si réel que j'en oubliais que c'était elle!

Souvent, elle disait: «Pas question que je passe ma vie dans un bureau à taper des notes dont tout le monde se moque jusqu'à ce que les doigts m'en tombent!» Et je ne trouvais rien à redire à ça. Je sais qu'elle fait ce qu'elle aime vraiment, même si une carrière au cinéma se joue à pile ou face. Ce que je déteste, c'est qu'elle soit loin, à cinq heures d'avion!

On tire sur le bas de mon jean : mon chien Baskets m'a beaucoup aidée lorsque je suis arrivée ici. Je me penche pour le gratter derrière les oreilles mais, soudain, il court et se met à aboyer en direction du chêne.

— Baskets ! Qu'est-ce qui te prend ? Tu t'attaques aux arbres maintenant ?

Il y a un éclair bleu dans le feuillage.

Revoilà le perroquet ! Bravo, Baskets ! Je savais bien que je n'avais pas rêvé !

Cet ouvrage a été composé
par PCA - 44400 Rezé